KB210683

내가 누구를 두려워하리요

사망의 골짜기를 주님과 함께 통과한 자의 고백

내가 누구를
두려워하리요

임현수

여호와는 나의 빛이요 나의 구원이시니
내가 누구를 두려워하리요
여호와는 내 생명의 능력이시니 내가 누구를 무서워하리요
악인들이 내 살을 먹으려고 내게로 왔으나
나의 대적들, 나의 원수들인 그들은 실족하여 넘어졌도다
군대가 나를 대적하여 진 칠지라도 내 마음이 두렵지 아니하며
전쟁이 일어나 나를 치려 할지라도 나는 여전히 태연하리로다
내가 여호와께 바라는 한 가지 일 그것을 구하리니
곧 내가 내 평생에 여호와의 집에 살면서
여호와의 아름다움을 바라보며 그의 성전에서 사모하는 그것이라
여호와께서 환난 날에 나를 그의 초막 속에 비밀히 지키시고
그의 장막 은밀한 곳에 나를 숨기시며
높은 바위 위에 두시리로다
이제 내 머리가 나를 둘러싼 내 원수 위에 들리리니
내가 그의 장막에서 즐거운 제사를 드리겠고 노래하며 여호와를 찬송하리로다
여호와여 내가 소리 내어 부르짖을 때에 들으시고
또한 나를 긍휼히 여기사 응답하소서
너희는 내 얼굴을 찾으라 하실 때에 내가 마음으로 주께 말하되
여호와여 내가 주의 얼굴을 찾으리이다 하였나이다

규장

사람이 어찌할 수 없는 하나님의 임재의 증언

임현수 목사님은 제가 좋아하고 사랑하는 믿음의 사람입니다. 그는 단순히 믿음의 사람일 뿐 아니라 행동의 사람입니다. 그의 안에는 항상 열정과 비전이 꿈틀거렸습니다. 그랬던 그가 2년 7개월의 북한 광야 사역을 마치고 귀환했습니다. 우리가 중보하던 그대로 환상처럼 우리 앞에 나타났습니다.

저는 그가 북한 땅에 억류되기 2개월 전에 토론토 큰빛교회에서 부흥회를 인도했습니다. 그의 150번에 걸친 북한 방문 이야기를 들으며 그래도 조심하길 부탁하자, 그는 북한이 캐나다 시민권을 가진 이들을 억류하지는 않을 것이라고 했습니다. 제가 "임 목사님, 북한 지도자들을 어떻게 믿을 수 있습니까?"라고 반문하자 그는 "그냥, 기도해주세요"라고 했습니다. 그리고 얼마 지나지 않아 억류 소식을 들었습니다.

저와 그를 아끼는 모든 친구들은 기도밖에 아무것도 할 수 없었습니다. 그런데 이 책을 읽고 비로소 그가 억류된 진짜 이유를 알았습니다. 그 중 하나는 바로 이 책을 쓰기 위함임을 알았습니다. 여기, 사람이 어찌할 수 없는 하나님의 임재의 증언이 있습니다. 이 책을 다 읽고 나면 우리는 사람이 아닌 하나님을 두려워하게 될 것입니다.

또한 북한 지도자들의 진짜 얼굴, 그 민낯을 보게 될 것입니다. 소위 공산주의 혁명의 허구와 잔인한 속임수를 알게 될 겁니다.

무엇보다 예수 그리스도의 복음의 능력을 다시 확신하게 될 것입니다. 복음이 아니고는 해방될 수 없는 어둠의 땅을 통곡으로 품게 될 것입니다. "나라가 임하옵시며"의 참된 의미를 알고 기도하는 자가 될 것입니다.

이 땅의 젊은이들과 정치인들이 이 책을 꼭 읽기를 기도합니다. 남북의 평화적인 대화가 반드시 지속되어야 하지만, 상대의 민낯도 알았으면 합니다. 나아가 진정한 통일을 위한 냉철한 대화로 북한 땅을 해방하게 되기를 기도합니다. 이 책이 통일의 환상을 넘어선 진정한 민족 구원의 교과서가 되기를 소망하며, 북한을 위해 기도하는 모든 이들이 필독하기를 강추합니다.

이동원(지구촌교회 원로목사)

고난이 면류관이다

저는 임현수 목사님이 북한에 억류되기 전에는 만나 본 적이 없습니다. 그런데 억류된 후 2016년 2월 11일부터 1년 반 동안 매일 기도하고, 매주 예배 때마다 기도했습니다. 하지만 목사님의 억류 소식을 들었을 때 바로 기도했던 것은 아닙니다.

어느 날 새벽기도회 때, 북한에 억류된 다섯 분의 목사님과 선교사님을 생각하며 속히 풀려나기를 기도했습니다. 그러나 마음이 간절했던 건 아니고, 또 하나의 기도 제목이었을 뿐입니다. 그런데 주님이 제게 '만약 네가 억류되었다면 성도들이 어떻게 기도해주길 바라겠느냐?'라고 물으셨습니다. 그런 생각을 해보지 못했기에 깜짝 놀랐습니다.

그러면서 한 번도 만난 적 없는 임 목사님을 위해 기도하는데 눈물이 났습니다. 그때부터 목사님이 풀려날 때까지 매일 기도하게 되었습니다.

전교인에게 보내는 매일 합심기도 제목에도 억류된 분들을 위한 기도가 빠진 적이 없습니다. 만약 제가 그런 처지라면 그렇게 기도해주길 바랐기 때문입니다(그때 기도했던 분 중 세 분이 풀려났습니다).

2016년 가을이 지나고 찬바람이 불 즈음, 기도하는데 눈물이 많이 났습니다. '주님, 언제까지입니까?' 추운 겨울, 북한 수용소에서 지낼 임 목사님의 형편이 너무나 고통스럽게 와 닿았기 때문입니다. 그러나 그처럼 간절히 기도하게 하시니 주의 날이 가까웠으리라 믿었습니다.

2017년 5월 9일, 오토 웜비어라는 미국 청년의 억류 소식을 알았습니다. 그간 몰라서 기도하지 못했는데, 그를 위해서도 기도하지 않을 수 없었습니다. 그는 한 달 후인 6월 13일 혼수상태로 석방되어 일주일 만에 사망했습니다(이미 혼수상태인 그를 위해 한 달간 기도하게 하신 이유를 알 수 없었는데, 나중에 임현수 목사님이 풀려나게 된 이유 중 하나가 그의 사망 때문임을 알게 되었습니다).

마침 저는 토론토 큰빛교회 노희송 목사님으로부터 2017년 가을 부흥회 강사로 초청을 받았습니다. 임현수 목사님을 위해 기도하고 있는 중이어서 주님께서 '가라'고 하시는 것 같았습니다. 그래서 '주님, 제가 부흥회에 가기 전에 임현수 목사님이 석방되게 해주옵소서'라고 기도했습니다. 하지만 그렇게 기도하면서도 그대로 이루어지리라 믿지는 못했습니다. 임 목사님을 위해 기도한 지 1년이 지나도록 풀려날 조짐이 전혀 없었기 때문입니다.

그런데 부흥회가 열리기 3일 전인 2017년 8월 9일에 갑자기 목사님이 석방되었습니다. 그날 온 교회는 마치 담임목사인 제가 석방된 것처럼 기뻐했습니다. 1년 반 동안 매일 기도했기 때문에 그 기쁨은 무엇과 비교할 수 없었습니다.

풀려난 임현수 목사님이 참석한 큰빛교회 부흥회는 축제 그 자체였습니다. 부흥회 강사도 제가 아니라 목사님인 것 같았습니다. 저는 토론토에 도착한 날, 임 목사님을 처음 보았지만 오랫동안 기도했기 때문인지 너무나 친근하게 느껴졌습니다. 저녁식사를 하면서 목사님의 북한에서 지낼 때와 나올 때 그리고 나온 후의 이야기를 들었습니다. 그 이야기들은 누구에게도 말하지 못했습니다. 너무나 조심스러웠기 때문입니다. 그 이야기들이 이 책에 다 담겨 있어서 정말 기쁩니다.

부흥회 마지막 날인 주일예배 후 참석한 모든 성도들이 목사님과 인사하기 위해 기다리고 있었습니다. 그 옆에서 저도 함께 인사를 받으며 힘이 들었습니다. 그 줄이 너무 길었기 때문입니다. 그러나 목사님이 성도들과 뜨겁게 포옹하며 눈물로 인사를 나누는 모습을 자세히 지켜보며 "고난이 면류관이 된다"는 사실을 분명히 목격했습니다.

저는 이 책을 읽는 모든 이들이 북한을 위해 간절히 기도하게 되고, 한국 교회를 위해서도 더욱 기도하게 될 것을 믿습니다.

유기성 (선한목자교회 담임목사)

하나님의 선택을 받은 특별한 종만이 경험할 수 있는 축복

2018년 3월 8일 양재 온누리교회에서 유기성 목사님(선한목자교회)이 중심이 되어 준비한 '임현수 목사 귀환 감사예배'가 열렸습니다. 그때 저는 아래와 같은 요지의 축사를 했습니다.

"제가 임현수 목사님을 알게 된 것은, 10년 전인 2008년 1월, 제가 주중대사로 근무할 때였습니다. 임 목사님이 제게 메일로 몇 달 전 북한에서 행방불명이 된 캐나다 국적의 한국인 선교사와 관련하여 도움을 요청했습니다. 저는 하나님께 기도한 다음, 아무 걱정하지 말고 기도하면 곧 좋은 소식이 있을 것이라고 회신을 보냈습니다. 아마 임 목사님은 그 메일을 받고 좀 의아했을지 모릅니다. 그런데 그 선교사가 정말 3주 후에 석방되었습니다.

그것을 시작으로 2009년 2월 제가 공직에서 은퇴를 한 다음, 임 목사님이 해외 교회로는 처음으로 저를 초청해주셨고, 5월 말에 토론토에 가서 큰빛교회 입당 감사예배 집회를 이틀 동안 했습니다. 이후 저는 임 목사님과 미국과 캐나다, 독일과 스위스를 다니면서 많은 집회를 했습니다. 그러던 중 2013년부터 임 목사님이 북한에 다니는 것과 관련하여 불편한 상황이 생기더니, 다음 해 여름부터 이상한 상황이 발생하기 시작했습니다.

저는 2015년 1월 말, 임 목사님이 북한에 억류되었다는 소식을 듣고 놀라 기도를 했습니다. 그런데 이상하게도 답답하고 슬프기보다는 오히려 기쁘고 감사한 마음이 계속 들었습니다. 그러면서 임 목사님이 그곳에 억류된 것은 고난이나 환난이 아니요, '하나님의 선택을 받은 특별한 종만이 경험할 수 있는 축복'이라는 생각이 들었습니다.

그래서 임 목사님의 사모님을 만나 '걱정하지 말고 오히려 기뻐하며 감사하자'고 말했습니다. 그리고 '이왕 억류가 되셨으니 빨리 나오는 것보다 어느 정도 기간이 지난 다음에 나오는 것이 좋겠다'고도 말했습니다.

한번은 임 목사님과 가까운 정계항 장로님이 제게 전화를 해서 목사님을 걱정하며 우셨습니다. 그래서 저는 '지금처럼 한반도 정세가 긴장된 상황에서 비록 강제적으로 억류된 것이지만 목회자가 북한 현지에서 그 땅과 그곳 사람들을 위해 기도할 수 있는 것은 선택받은 자만이 누릴 수 있는 축복이기에 빨리 나오시면 안 된다'고 말했습니다. 그리고 '만델라가 감옥에 27년을 있었기에 대통령이 되었지, 만일 일찍 나왔으면 안 되었을 것'이라고 설명했습니다.

저희 부부와 사모님은 목사님의 억류가 하나님의 뜻이라면 우리가 오직 하나님만 의지하면서 기도할 때, 어느 날 갑자기 놀라운 방법으로 내보내 주실 것을 믿었습니다. 그래서 어떤 경우에도 이 문제를 사람에게 부탁하거나 인간적인 방법을 쓰지 않는 게 좋겠다는 의견의 일치를 보았습니다. 그래서 많은 사람들이 임 목사님의 석방을 위한 여러 가지 방법을 제의했지만 사모님은 모두 정중히 사양을 했습니다.

그랬더니 하나님께서 정말 그렇게 역사하셨습니다. 어느 날 갑자기 캐나다 총리로 하여금 자신의 국가안보보좌관을 보내 총리 전용기 두 대를 가지고 북한에 가서 임 목사님을 모셔 오도록 했습니다. 이 어찌 놀라운 일이 아니겠습니까! 그래서 저는 임 목사님의 북한 억류 사건은 모두 하나님의 계획이었다고 확신합니다.

임 목사님은 전 세계에 있는 목회자 중에서 북한을 가장 많이 드나들고, 가장 많은 도움과 지원을 한 목회자입니다. 그래서 어떤 사람들은 색깔론으로 목사님을 공격하기도 합니다. 그런데 목사님이 억류된 이유가 북한의 최고지도자를 모독했기 때문이라고 하니, 이제는 누구도 목사님을 공격할 수 없게 되었습니다. 앞으로 하나님께서 하나님의 방법으로 환난을 통해 단단히 훈련을 시키신 임 목사님을 더욱 크게 사용하시기를 축원합니다."

임현수 목사님의 책은 바로 이 놀라운 하나님의 계획에 관한 이야기입니다. 물론 북한에 관한 이야기라서 대부분의 이야기를 상세히 담을 수 없는 것이 아쉽지만, 이 책을 읽는 독자들은 누구나 하나님의 살아계심을 느낄 것입니다. 따라서 북한을 사랑하고, 북한을 위해 기도하는 많은 사람들이 이 책을 읽기를 기대합니다. 그리고 누구도 두려워하지 않는 담대함으로 환난을 극복한 목사님의 이야기를 통해 동일한 성령의 역사를 경험하기를 기도합니다.

김하중(온누리교회 장로, 전 통일부 장관)

하나님의 이야기를 증언하다

책의 홍수 시대이기에 책을 내고 싶은 마음도, 자신도 없었다. 그런데 지난 1년간 캐나다와 미국, 한국을 비롯한 여러 나라에서 메시지를 전하면서 '언제까지 이렇게 돌아다니며 전해야 하나?' 하는 생각이 들었다. 앵무새처럼 같은 내용을 반복해서 말하는 것도 힘들었다. 그래서 '차라리 책을 내자'고 마음을 먹었다.

글을 쓸 시간이 거의 없어서 주로 비행기 안에서 썼다. 북한에서 쓴 일기와 1,300장의 글을 전부 빼앗기고 나왔기에 구체적인 기억이 잘 나지 않았다. 그러나 북한에 150여 차례 다닌 경험과 옥중에서 겪은 경험을 나누고 싶은 마음에서 이 책을 쓰게 되었다.

북한을 생각하면 언제나 마음이 아프고, 한없이 슬퍼진다. 너무 기가 막혀 울고 싶다. 지난 70년간의 분단의 비극을 어찌 말로 다 표현할 수 있을까?

그러나 그런 가운데서도 하나님께서 은총의 표적을 많이 보여주셨기에 그분의 이야기를 나누고 싶었다. 그런데 정말 은혜롭고 감동적인 간증을 마음껏 쓸 수 없는 현실이 매우 안타깝다. 이야기의 주인공들을 보호해야 하기 때문이다. 그들이 엄청난 시련을 겪을 것이 너무나 분명하기에….

눈물을 철철 흘리면서 기도를 받던 엘리트 젊은이, 둘만 있던 차 안에서 큰 소리로 예수님을 믿겠다고 고백하던 중년 남성, 어머니와 단둘이서 새벽

2시에 일어나 새벽기도를 드린다던 유명 인사, 차 안에서 복음을 전했더니 이미 큰 확신 가운데 북한 복음화를 꿈꾸고 있던 의사, 마음이 열려있던 고위 관리 등 수많은 사람의 마음문이 열리는 모습을 보는 것이 가장 기뻤다.

또한 지하교회 성도들의 살아있는 간증과 그들과 함께 기도할 때 내 손등에 뚝뚝 떨어지던 뜨거운 눈물도 아직 생생하다. 아합의 악정(惡政)에도 바알에게 무릎 꿇지 않았던 7,000명과 같은 사람들의 이야기는 통일 이후로 미룰 수밖에 없다(이 책의 뒷부분에 몇 개의 간증을 담았다. 끝까지 읽어주기를 부탁드린다).

나는 곧 통일의 시대가 열릴 줄로 믿는다. 그날이 오면 2,000만 북녘 동포들에게는 8·15 해방과 같은 기쁨이 임하고, 대한민국은 반만년 역사상 가장 영광스런 시대를 맞이할 것이다. 너무도 찬란한 조국의 앞날이 보인다.

우리가 한국인으로 태어난 것이 아주 자랑스러운 날이 곧 올 것이다. 단한 가지 조건이 있다면, 우리 민족과 교회의 '철저한' 회개가 우선되어야 한다는 점이다. 죄를 버리고 악에서 돌이키면 통일의 날은 반드시 그리고 속히 올 것이다.

진보와 보수라는 이념의 우상을 버리고 하나님의 진리의 말씀으로 하나가 된다면, 좌로나 우로 치우치지 않고 진리의 길을 걸어간다면, 예수 그리스도가 보여주신 모범을 따른다면 우리나라는 곧 세계를 축복하는 '축복의 통로'가 될 것이다.

"하나님이 보우하사 우리나라 만세!"를 외칠 날도 머지않았다. 역사는 '하나님의 이야기'(history)일 뿐이다. 그분의 보이지 않는 거대한 손길이 우리 민족의 배후에서 움직이고 있다. 나는 오직 그분의 은혜와 사랑과 축복을 믿는다. 복음화된 통일 조국의 비전을 이루기 위해서라면 내 목숨도 내놓을 수 있다. 수많은 사람들이 통일을 꿈꾸며, 수많은 모임과 단체가 통일을 외치지만 지금 중요한 것은, '통일의 날이 언제 오느냐?'(행 1:6,7 참조)가 아니라 "오직 성령이 너희에게 임하시면 너희가 권능을 받고 예루살렘과 온 유대와 사마리아와 땅 끝까지 이르러"(행 1:8) 예수 그리스도의 증인으로 사는 것이다.

예수님 없이는 구원이 없다. 구원을 얻을 만한 다른 이름을 우리에게 주신 적이 없기 때문이다. 남남 갈등(남한 내 이념적 갈등)의 통일도, 남북의 통일도, 불신 세계와의 통일도 세상의 화목제물로 오신 예수 그리스도 외에는 답이 없다. 오직 예수! 주님께 감사드린다.

이 책이 나오기까지 수고해주신 손길과 따뜻한 마음에 감사를 표한다. 내 20대 시절 CCC 제자였던 김정애, 이은숙 자매가 40년 만에 나타나 그림을 그려주고 교정을 봐주었다. 이현숙 집사님의 정성과 사랑에 감사드리고, 책을 출간해준 규장에 감사한다. 졸작을 추천해주신 이동원, 유기성 목사님과 김하중 장로님께 깊이 감사드린다. 사랑하는 아내와 아들, 며느리에게도 감사를 전한다. 큰빛교회 원로이신 박재훈 목사님 내외분, 내 후임인 노희송 목사님, 성도님들의 눈물의 기도에 감사드린다. 그리고 나를 위해 기도해준 한국교회와 캐나다, 미국을 비롯한 전 세계의 성도들에게 진심으로 감사드린다.

임현수

2부
북한에서의 삶

3부
억류 이전의 북한 선교

4부
북한 선교의 현재와 미래

1부

석방,
그 후의 이야기

1장
독방 감옥에서
세상으로

갑작스러운 석방

2017년 8월 9일, 점심식사 후에 교화소 소장이 나를 부르더니 짐을 싸라고 했다. 나는 그날 점심까지도 여느 때처럼 노동을 했던 터였다. 영문도 모르고 눈가리개를 한 채 보통강호텔로 이송됐다.

호텔에 도착해서야 특사들이 온 것을 알았다. 커피숍에서 대기하며 TV를 보는데 마침 어린이 만화영화가 상영되고 있었다. 세상의 온갖 짐승들이 모여 힘겨루기를 하는 내용이었다. 누가 가장 힘이 센지 저마다 으스대며 자랑을 하는데 역시 호랑이를 당할 동물이 없었다.

그런데 마지막에 아주 작은 고슴도치가 나섰다. 고슴도치는 "너는 몸만 컸지 아무것도 아니야"라고 호랑이를 비꼬았다. 화

가 머리끝까지 난 호랑이는 고슴도치를 발로 찼다. 그러자 고슴
도치가 호랑이 발에 콕 박혔다.

호랑이는 고슴도치를 힘겹게 빼낸 다음 혼내주겠다며 머리로
고슴도치를 받았다. 이번에는 고슴도치의 가시가 호랑이 코에
박혀버렸다. 결국 그런 식으로 계속 혼쭐이 난 호랑이가 무릎을
꿇고 살려달라고 빌고, 고슴도치가 동물왕국의 최강자가 된다는
내용이었다. 말할 것도 없이 호랑이는 미국을, 고슴도치는 북한
을 상징했다.

다음 날, 북한에서 나온 후에야 당시 미국과 북한의 관계가 극
도로 좋지 않다는 걸 알았다. 그래서 북한 아이들에게 미국을 이
길 수 있다는 우화적인 만화를 보여준 것 같았다. 미국이 아무리
덩치가 커도 북한은 고슴도치처럼 미국을 괴롭힐 것이라는 메시
지였다.

영화를 보며 15분 정도 대기하고 있으니 북한 측이 캐나다에
서 온 특사단 일행에게 나를 넘겨주었다. 양쪽 대표들이 6명씩
매우 긴장한 모습으로 마주보며 앉아있었다.

캐나다 특사단은 약간 불안해 보였고, 북한 측은 화가 몹시
난 듯했다. 나를 석방하기 싫은 것 같은 표정이었다. 급히 작성
한 듯한 낭독문은 문법이 맞지 않고 다듬어지지도 않은 글이었
다. 어색하게 읽어주었는데도 끝부분만은 확실히 기억한다.

"캐나다 공민 임현수를 풀어준다."

그들은 내 여권을 돌려주고 짐을 가져가게 했다. 그 순간은 정말 꿈꾸는 것 같았다.

'아, 어떻게 갑자기 이런 일이 일어날 수 있지?'

2년 7개월 9일의 억류 기간이 너무도 빨리 지나간 것 같았다. 새장에 오래 갇혔던 새가 풀려나는 느낌이었다. 시편 126편 말씀이 생각났다.

여호와께서 시온의 포로를 돌려보내실 때에
우리는 꿈꾸는 것 같았도다
그때에 우리 입에는 웃음이 가득하고
우리 혀에는 찬양이 찼었도다
그때에 뭇 나라 가운데에서 말하기를
여호와께서 그들을 위하여 큰일을 행하셨다 하였도다
여호와께서 우리를 위하여 큰일을 행하셨으니
우리는 기쁘도다

시 126:1-3

3년 만에 호텔에서 BBC 방송을 보았다. 세상은 별로 달라진 것 같지 않았다. 일본 NHK 방송에서는 계속 나에 대한 뉴스가 흘러나왔다. 나는 온 세상의 뉴스감이 되어있었다. 북한 땅에서 나에 대한 뉴스를 보고 있으려니 만감이 교차했다.

두렵고 얼떨떨한 상태에서 특사들과 저녁을 먹고 방에 들어왔다. 감사 기도를 드리고 잠자리에 들었지만 잠이 오지 않았다. '빨리 밤이 지나 이곳을 떠났으면 좋겠다'라는 생각만 들었다.

아침에 다시 식당으로 가서 특사들을 만났다. 그들은 하나같이 친절하게 대해주었다. 그들의 친절함에 마음이 안정되었다.

모든 것이 합력하여 선을 이루기를, 하나님께만 영광을 돌리기를 기도했다. 좋으신 하나님, 공의와 사랑의 하나님의 완전하신 은혜와 계획 가운데 내 생애 최고로 진지했던 시간, 949일이 지나간 것을 감사하며….

그리고 캐나다 팀과 '정상적인' 식사를 함께했다. 밥이 꿀맛이었다. 눈물이 날 정도로 감사했다. 계속 감사 기도만을 드리고 싶을 정도로. 정말 모든 것이 감사했다.

종이 두 장의 기적

949일 동안 기록한 일기, 명상의 글, 성경 강해 등 1,300장이 넘는 글을 압수당해서 두고 가는 것이 너무 안타까웠다. 그러나 감사하게도 성경책 속에 숨겨두었던 종이 두 장은 갖고 나올 수 있었다.

한 장은 성경을 주제로 한 강의안 700개의 제목을 비밀문서처럼 적은 것이고, 또 한 장은 농장 설계도였다. 농장 설계도는 소장이 못 보았고, 700개의 강의안 제목을 적은 종이는 소장에게 발각되어 빼앗겼다.

그런데 내가 잠시 묵도한 후 소장에게 "이건 별것 아니니 가져가게 해주시오"라고 했더니 그가 얼떨결에 허락해주었다. 하나님께서 순간적으로 그의 마음을 움직이셨다고 나는 확신한다. 당시의 살벌한 분위기를 생각하면 도저히 있을 수 없는 일이기 때문이다.

내게 매우 소중한 것을 건져낸 기적이었다. 수많은 글을 적어놓은 것을 빼앗겼지만 '그들이 내 머릿속에 있는 것까지 빼앗을 수는 없다'는 생각으로 스스로를 위로했다.

나는 누구도 미워하거나 원망하지 않았다. 그것을 하나님께서 허락하시지 않았기 때문이다. 하나님의 넘치는 은혜에 감사할 뿐이다. 북한에서의 나날은 고난의 연속이었지만 돈 주고도 살 수 없는 값진 연단의 시간이었다.

금두꺼비 꿈

북한에 갇힌 2년 7개월 9일 동안 내게는 주님밖에 없었다. 모두가 내 적이었고, 나를 경계하고 감독하는 사람들뿐이었다. 지나고 보니 두더지처럼 땅속을 기어서 길고 긴 길을 온 것 같은 기분이 든다.

감옥에서의 첫 밤에 꿈을 꾸었다. 머리가 엄청나게 큰 호랑이 앞에 지극히 작은 내가 떨어졌다. 호랑이는 계속 무엇인가를 열심히 씹고 있었다. 침과 음식물을 질질 흘리면서 하염없이 씹고 또 씹었다.

나는 금방이라도 잡아먹힐 것 같아 두려웠다. 그런데 그 호랑이는 나를 쳐다만 볼 뿐 잡아먹지는 않았다. 나는 안도의 숨을 쉬면서 어두운 땅속을 뒷걸음치기 시작했다. 그렇게 한참을 가다가 오른쪽으로 꺾어져서 꽤 걸었다.

그러다 어느 순간 주님의 손이 나타나더니 그분의 커다란 두 손이 나를 감싸 안아 땅 위로 올리셨다. 그런데 주님의 손안에 있는 내 모습이 마치 금두꺼비와 같았다. 금빛과 붉은빛이 어우러져 아름다운 모습이었다. 드디어 나는 밝은 세상으로 나오게 되었다. 평화로운 강이 흐르고 숲이 우거진 아름다운 곳이었다. 주님은 "이제는 자유다"라고 말씀해주셨다.

꿈을 꾼 후에 나는 마음의 평안과 소망을 갖게 되었다. 나는 그 꿈이 이렇게 해석되었다. 호랑이 얼굴은 어떤 권력자의 모습이었다. 그는 아주 탐욕스러워 보였지만 나를 죽이지는 않았다. 나는 캄캄한 길을 걷기 시작했다. 꽤 길게 느껴지는 길이었다. 그런데 한순간 주님의 주권적인 역사로 그분의 손이 나타나 나를 구원해주셨다.

나는 꿈에서 내 모습이 왜 금두꺼비였는지 금방 깨닫고 하나님의 유머에 잠시나마 웃을 수 있었다. 내가 가장 순수한 열정으로 주를 섬기던 CCC 간사 초창기에 학생들이 내게 붙여준 별명

어느 순간 주님의 손이 나타나더니 그분의 커다란 두 손이
나를 감싸 안아 땅 위로 올리셨다.
그런데 주님의 손안에 있는 내 모습이
마치 금두꺼비와 같았다.

이 바로 '두꺼비 간사'였기 때문이다.

당시 무학여고에 다니던 김OO라는 학생이 내게 붙여준 별명이었다. 그때 나는 학생들을 무척 사랑했으며 복음으로 그들을 열심히 양육했다. 20대 초반이어서 학생들과 나이 차이가 많지 않았지만 물불을 안 가리고 주님을 위해 산다며 뛰어다녔다. 그때의 내 모습이 금두꺼비로 표현되어 꿈에 나타난 것이다.

이것은 내게 베드로를 연상시켜주었다(요 21장 참조). 그는 예수님을 부인하고 저주까지 한 후에 다시 갈릴리로 가서 고기 잡는 일에 몰두했다. 그때 부활하신 주님이 그를 찾아오셨다. 그분은 조찬을 준비해놓으시고 그와 문답을 주고받으셨다.

"요한의 아들 시몬아, 네가 날 사랑하느냐?"

이때 주님은 "베드로야!"라고 하지 않으시고 그의 옛 이름을 불러주셨다. 왜 그러셨을까? 아마도 베드로의 회복을 원하셨기 때문이리라. 베드로의 긴장을 풀어주어 주님과 처음 만났을 때의 기억을 살려주시려는 배려였다.

나는 무척 기뻤다. 나 같은 죄인을 그토록 아끼시는 주님의 사랑을 느꼈기 때문이다. 이 꿈을 주시지 않았다면 감옥에 있는 동안 많이 힘들었을 것이다. 이 꿈은 내게 말할 수 없는 위로가 되었다. 그것을 붙잡고 요셉처럼 살 수 있었다. 비록 감옥에서 보낸 시간이 길었지만 나는 그 꿈을 생각하며 마지막까지 버틸 수 있었다.

또한 사형을 구형받은 다음 평생 감옥에서 살아야 하는 '종신 노동 교화' 명령이 떨어졌을 때도 무척 놀랐지만 주님을 생각하며 참을 수 있었다. 주님은 내가 힘들어할 때마다 욥기 23장 10절 말씀을 계속 생각나게 하셨다.

내가 가는 길을 그가 아시나니
그가 나를 단련하신 후에는
내가 순금같이 되어 나오리라

욥 23:10

그리고 "비록 더딜지라도 기다리라"(합 2:3)라는 말씀으로 기다릴 수 있는 힘을 주셨다. 나는 꿈을 통해서 고난의 시간이 꽤 길 것임을 짐작했다. 그리고 주님의 손이 나를 구해주셨듯이 하나님의 시간에, 그분의 주권적인 방법으로 나를 건져주실 것이라고 믿었다. 그리고 그렇게 되었다.

평양을 떠나다

캐나다 국가안보보좌관을 단장으로 6명의 특사단과 8명의 공군 파일럿이 트루도 캐나다 수상이 보낸 수상 전용 비행기 두 대로 나를 구하러 왔다. 그들은 자기 가족들에게도 비밀로 할 정도로 극비리에 왔다고 했다. 그들 모두 나보다 더 내 석방을 기뻐했다.

나는 그 비행기를 타고 평양 순안공항을 떠났다. 비행기에는 만약을 대비해 야전 수술 장비까지 실려있었다.

보좌관은 내 옆에 앉아 내 말을 귀 기울여 듣기도 하고, 자신의 삶도 간증했다. 내 건강상태를 염려해 급히 파견된 현역 여장교인 외과 의사가 종일 나를 지켰다. 그들 모두 내 친구가 되어주었다.

비행기 안에 있는 사람들을 모두 소개 받는 시간을 가졌다. 높은 위치에 있는 사람들이지만 권위의식이 전혀 없었다. 그들 중에는 유대인도, 가톨릭 신자도 있었다. 준장, 의사, 조종사, 요리사, 외교부 직원도 있었다.

모두 어린아이같이 함께 웃고 즐거워하며, 같이 울어주었다. 그리고 잘 못하는 내 영어를 알아들으려고 귀를 기울여 들어주었다. 나를 배려해주는 마음이 너무나 고마웠다.

기장은 자기가 입고 있던 군복의 견장을 떼어 내게 기념으로 주었고, 비행 일정과 비행법도 상세하고 친절하게 설명해주었다 (동경, 괌, 마셜제도, 하와이, 밴쿠버를 거처 온타리오 주 트렌턴 공군 기지에 사흘 만에 도착한다고 했다).

언제 다시 올지 모르는 평양 하늘 위로 비행기가 날아올랐다. 제일 먼저 일본 요코타 공군 비행장에 도착했다. 미국의 이성(二星) 사령관이 나와서 반갑게 맞아주었고, 일본 주재 캐나다 대사관 직원들도 매우 친절히 대해주었다.

두 시간 정도 머물 뿐인데 생각지 못한 환대를 받으니 몸 둘 바를 몰랐다. 그들은 나같이 부족한 사람의 아픔에 전심으로 마음을 나누어주었고, 내 기쁨에 함께 기뻐해주었다.

일본 공군기지 라운지에서 충분한 사랑과 격려를 받고 또다시 떠나 3시간 후에 괌의 미 공군기지에 도착했다. 괌에서의 첫 밤을 잊을 수가 없다. 쉐라톤호텔 스위트룸에서 묵게 되었는데, 잠이 오지 않았다. 나는 하나님을 예배하고 찬양했다.

'어제까지만 해도 어두침침한 감옥 독방에서 자던 내가 5성급 호텔에 있다니!'

너무 신기해서 웃음이 나왔다. 모든 것이 꿈만 같았다.

'이럴 때 아내가 옆에 있다면 얼마나 좋을까….'

나는 아쉬움을 안고 잠을 청했다. 호텔에 들어갈 때는 밤중이라 아무것도 보이지 않았지만 아침에 보니 바닷가에 위치한 환상적인 장소였다. 수정같이 맑은 태평양이 눈부시게 시야에 들어왔다.

그곳에서 처음으로 아들 성진과 통화했다. 얼마나 듣고 싶던 반가운 목소리였는지! 아내도 기뻐 뛰는 것 같았다. 그런데 TV를 켜니 온통 북한과 미국의 긴장 상태를 보도하는 뉴스뿐이었다. 북한이 괌에 대한 공격을 검토하고 있다는 뉴스가 계속 보도되었다. 뉴스를 보면서 일행 중 한 사람이 "저 사람들은 왜 우리만 따라다니면서 못살게 굴지?"라고 말하는 바람에 한바탕 웃었다.

다시 비행기를 타고 마셜제도로 향했다. 비행기 안에서 서로 많은 얘기를 나누었다. 의사와 대화를 하면서 내 마음을 전하는 도중 문득 북한 주민들이 생각났다. 세상이 어떻게 돌아가는지도 모르고 큰 감옥 속에 갇혀있는 그들, 그곳이 감옥인 줄도 모르고 '지상천국'이라고 노래하며 부러울 것 없다는 그들, 그러면서도 소원을 말하라면 이밥(쌀밥)에 고깃국을 먹는 것이라고 말하는 그들. 내가 눈물을 흘렸더니 의사가 내 앞에 무릎을 꿇고는 나를 붙들고 위로해주었다.

이야기를 나누다 보니 어느새 마셜제도였다. 나는 괌도 마셜제도도 처음 가보았다. 마셜제도는 정말 환상적인 섬들로 이루어진 바닷가 한복판의 작은 섬나라였다. 이런 곳에 몇 주간 휴가를 오면 최고의 안식을 누릴 수 있을 것 같았다.

감격의 통화

하와이에 도착해서야 김치를 먹을 수 있었다. 2년 반 만에 먹는 김치였다. 북한에서는 고춧가루가 없어서인지 소금에 절인 양배추만 나왔다.

감옥에서도, 병원에서도 밥을 먹었는데 병원 식사가 더 열악했다. 어떤 때는 반찬이 딱 한 가지만 나올 때도 있었다. 그러나 대부분 된장을 풀어놓은 국이 함께 나왔다. 소고기는 먹은 적 없지만 어쩌다가 돼지고기 기름이나 오리고기가 나오기도 했다.

우리가 먹는 음식과 비교도 안 되지만 그래도 굶어 죽지 않도록 밥은 제법 많이 주었다. 다만 밥에 돌이 많아서 물에 말아 돌을 가라앉힌 다음에 먹어야 했다. 돌이 있다고 불평할 처지도 못 되니 알아서 골라내고 먹는 수밖에 없었다.

호텔에서 몸무게를 재보니 72.5킬로그램이었다. 북한에서 잴 때는 80킬로그램이었는데 저울이 잘못된 것을 몰랐던 것이다. 북한에 있는 동안 몸무게가 15킬로그램 이상 줄었다. 때를 따라 하루 세끼를 먹어도 살이 빠지는 이유는 영양부족 때문인 것 같았다.

다음 날 아침, 박재훈 목사님과 사모님과 눈물의 통화를 했다. 다 잊어버렸다고 생각했는데 박 목사님 댁의 전화번호가 명확하게 기억이 났다. 주님의 은혜였다. 목사님과 통화하면서 얼마나 감사했는지 모른다. 사모님이 많이 우셔서 너무 죄송했다. 나를 간절히 기다리신 것 같았다.

그리고 아들이 연결해주어서 서울에 계신 어머니와 통화를 했다. 어머니는 전화를 받으면서 많이 우셨다. 서울은 새벽이라고 했다. 전날 저녁에 뉴스를 보고 한잠도 주무시지 못하고 밤새 우셨다고 했다. 아들을 너무나 사랑하시는 어머니의 마음이 느껴졌다. 하지만 서울로 먼저 갈 수 없는 상황이어서 너무 죄송했다.

'하루만 지나면 동생 현구, 아들 성진, 그리고 아내와 며느리, 손녀 아미를 볼 수 있다니!'

그런데 많이 피곤했는지 내 눈이 충혈되는 게 걱정스러웠다.

아픈 모습을 가족들에게 보이고 싶지 않았다. 의사가 안약을 꺼내 정성을 다해 치료해준 덕분에 많이 좋아졌다.

매스컴을 동원해주시다

나같이 보잘것없는 사람을 위해 캐나다 최고의 방송사인 CBS에서는 매일 내 문제를 톱기사로 다루었고, 캐나다에 돌아온 후 내가 처음으로 설교하는 예배를 실황중계 해주었다. 그것도 한인 교회에서 한국어로 드리는 예배를 말이다. 있을 수 없는 큰 역사였다.

하나님께서는 매스컴을 통해서 복음을 증거하도록 기회를 많이 주셨다. 캐나다의 유일한 한국인 상원 의원인 연아 마틴(Yonah Martin)도 전화를 걸어 울며 말했다.

"제가 캐나다에 사는 동안 방송에 하나님 이야기가 이렇게 많이 나온 적이 없었어요."

NHK, CNN, BBC, KBS, MBC, CTS 등에서도 연일 내 이야기를 톱뉴스로 다루었다.

'하나님께 어떤 계획이 있으신 건가?'

사실 비행기를 타고 오는 사흘 동안 골똘히 생각했다. 하나님의 지혜로 이번 기회를 어떻게 복음을 전할 기회로 활용할 것인지, 어디에 먼저 가야 할지, 무슨 일을 해야 할지….

한국에 가면 군인들에게 복음을 전해 그들을 각성시켜야겠다는 생각을 했다. 또한 학교 사역(campus ministry)은 물론 각계각층을 대상으로 다양한 복음화 전략도 짜보았다. 북한에서 힘들고 외로웠던 시간이 사용될 수 있다면 더 바랄 것이 없을 것 같다.

주께서는 석방되기 한두 달 전부터 내게 많은 비전을 주셨다. 나는 그로 인해 언제나 마음이 설레었다. 통대연(통일 대축제 범민족 연합)을 설립하고, 학교가 운동(학교, 교회, 가정이 하나 된 자녀 교육)을 일으키고, TMTC(Total mission training center) 운동을 통해 100만 평신도 선교사를 파송하고, GTS(golden age, twilight age, silver age) 운동으로 수만 명의 시니어를 세우는 것을 꿈꾸면서 말이다.

또 만민이 기도하는 집으로 전 교회를 개방하는 운동과 전 교인 성경 들고 다니기 운동처럼 영적인 기상도를 변화시키는 운동도 하고 싶다.

그러나 이 모든 것을 하나님의 인도하심에 따라 하고 싶다. 주께서 예비해주신 길을 발견하고 싶다. 하나님이 기뻐하시지 않는 것은 마음에서 그 소원을 지워주시길 기도한다. 하지만 북한에서 나와 몇 개월이 지나는 동안 내 기도를 하나님께서 먼저 아시고 여호와 이레로 준비하신 경우를 많이 보았다.

캐나다 신문 1면에 실린 귀환 기사

아내를 준비시켜주시다

아내 이야기를 하자면 끝이 없다. 그녀와 결혼한 지도 37년이 지났다. 연애기간까지 합하면 그녀를 만난 지 42년이 된다. 정말 긴 시간을 함께했다. 가족들과의 만남 가운데 인연이 시작되었지만, 나는 그녀에게 한눈에 반했다. 그리고 정말 순수한 처녀를 만나 너무도 행복한 연애를 했다.

둘 다 첫사랑이었기에 더 뜨거웠다. 그러나 지난 42년을 돌이켜 보니 헤어져 지낸 시간이 8년이 넘는다. 군대생활 3년, 북한에 억류된 2년 7개월 9일과 북한에 150여 차례 다니느라 떨어져 지낸 3년 가까운 시간까지….

그 외에 해외여행 기간까지 합하면 상당한 세월을 떨어져 지냈다. 그 날들을 계수해보니 아내에게 너무 미안했다. 물론 불가항력인 경우가 대부분이었지만 그녀의 마음고생은 말로 다 표현하기 힘들었을 것이다.

아내는 나 때문에 캐나다에서도 일을 많이 했다. 내 뒷바라지를 하느라 가게에서 일을 했고, 내가 무리하게 작정한 헌금 때문에 10년이나 밤에 칠면조(turkey)를 감별하는 일을 했다. 아내가 힘든 일을 하지 못하게 말렸어야 했는데 그냥 내버려둔 것은 내 잘못이라는 생각이 들어 회개했다.

아내는 그 후유증으로 고생을 많이 한다. 손가락 통증에 시달리고, 무릎과 인대 수술도 받았다. 목회한다고, 선교한다고, 공부한다고 가정을 소홀히 했던 내 잘못이 크다. 내 목표 지향적인 삶이 그녀에게는 고통의 시간이었을 터인데 깊이 느끼지 못했다. 나는 그것이 하나님이 기뻐하시는 일이라고 생각했다.

게다가 나는 아내의 약점을 생각하며 불만을 품기도 했다. 내 눈의 들보는 안 보고 아내 눈의 티만 보면서 산 것이다. 물론 노력을 한다고 했지만 예전 첫사랑을 잃어버리고 매너리즘에 빠져들었다. 겉으로는 별로 티가 안 나서 사람들은 눈치 채지 못했지만 여러 해 동안 아내는 행복하지 못했다.

사람들은 외적인 교회 성장과 내 왕성한 활동을 보면서 칭찬했지만 하나님 앞에서의 내 모습은 마치 라오디게아교회와 같았다. 입으로는 천사의 말을 하고, 말씀을 가르치는 종이라고 자부했지만 실제로는 형식적이고, 율법적이며, 피곤한 삶의 연속이었다.

그런 내 삶이 싫었지만 이미 습관이 된 라이프스타일을 쉽게 바꿀 수가 없었다. 그래서 아내가 내게 맞추어 살아온 것이다. 물론 아내는 완전한 사람이 아니다. 그렇다고 문제가 많은 여자도 아니다.

그녀는 하나뿐인 아들을 양육하는 일에 최선을 다했고, 내 뒷바라지에도 매우 헌신적이었다. 지금껏 못난 남편을 견디면서 한나와 같이 기도하며 기다려준 아내에게 가장 고맙다.

내가 북한에 억류되기 1년 전부터 하나님께서는 아내를 미리 훈련시키셨다. 어느 날부터인가 아내는 일하고 새벽에 들어와서도 잠을 자지 않고 새벽기도에 나가 몇 시간씩 기도했다. 기도팀을 만들어 중보기도에 힘쓰고, 어려운 사람들을 찾아다니며 돌보기도 했다.

그렇지만 자기를 위해서는 아무것도 하지 않았다. 돈을 아끼고 아껴서 어려운 이웃을 은밀히 도왔고, 몇 년 동안 모은 큰돈을 선뜻 북한의 고아들을 먹이라고 내놓기도 했다. 그녀는 누구도 쉽게 따라 하기 힘든 희생과 헌신을 일삼았다.

어쩌다 자기 옷을 한번 살 때면 중고품 파는 곳을 찾아다니곤 했다. 하지만 나는 그런 아내가 때론 마음에 들지 않았다. 그녀의 희생이 너무 지나치다고 생각했다. 인생을 즐기기도 하고 멋도 부리면서 여유롭게 살라고 아내에게 말했지만 이런 내 생각이 잘못된 적이 더 많았다.

아내는 철저히 실천적인 그리스도인이었다. 사실 말은 누구든지 쉽게 할 수 있지만 실천하기는 결코 쉽지 않다. 그런데 나는 말이 앞섰고, 아내는 실천이 앞섰다. 그녀는 기도생활도 철저했다. 눈물을 철철 흘리면서 통곡의 기도를 드리는 모습을 많이 보았다.

그녀는 평소에는 나 없인 아무것도 할 수 없는 사람처럼 철저하게 내게 의존했다. 그래서 나는 북한에 억류되어 있는 동안 아내가 어떻게 지낼지 걱정을 많이 했다. 그러나 주님이 미리 다 아시고 아내를 1년 동안 강한 군사로 훈련시키셨다.

아내의 기도

내가 붙잡혀 감옥에 들어간 이후, 아내도 사람인지라 힘든 시간을 보냈다고 한다. 그러던 어느 날 교회 본당에서 "주님, 남편이 너무 보고 싶어요"라고 울면서 기도하는데 주님의 음성이 들렸다고 한다.

'네 남편은 내가 북한에 보냈다.'

그 음성을 듣자 아내의 마음에 평안이 찾아왔다. 그리고 캐나다를 떠나 한국에서 2년을 기다렸다. 그동안 아내는 끊임없이 기도하며 어디서든 사람들에게 복음을 전하는 성령 충만한 삶을 살았다고 간증했다.

나는 석방된 후에 아내가 맺은 열매들을 확인할 수 있었다. 하나님께서 그녀가 가는 곳마다 어려운 사람들을 회복시키셨다. 주님은 아내에게 전도의 열매, 기도의 용사, 아름다운 은총의 표적들을 경험케 하시면서 949일을 힘들지 않게 보낼 수 있는 은혜를 주셨다.

어느 날, 기도 제목을 보내달라는 교우들의 부탁을 받고 아내가 기도하면서 일곱 가지를 써 보냈는데, 그것이 인터넷에 공개되면서 많은 사람들이 함께 기도하게 되었다고 한다. 이 기도는 〈기독일보〉에 실리기도 했다(2016년 2월).

사랑하는 큰빛 교우님들께

오랜만에 멀리서 인사드립니다. 보고 싶고, 만나고 싶고, 울고 싶고, 무어라 표현이 잘 안 되네요. 몸은 한국에 있지만 마음은 항상 토론토에 있습니다.

목사님은 참으로 복 많은 사람이라고 생각합니다. 전 세계 교인들이, 아니 안 믿는 사람들조차도 임현수 목사를 위해서 기도하고 있다는 사실에 저는 너무 감사합니다.

한국교회에도 모르는 사람이 없을 정도로 알려지게 되자 저는 '이건 분명히 하나님이 하신 일이니 내가 아파하고 힘들어할 상황이 아니다'라고 깨닫게 되었습니다.

목사님이 억류되면서 많은 생각을 하게 되었습니다. 인간적으로는 너무 억울하고 속상하고 화가 났지만 하나님께서 주신 믿음으로 지금은 감사하다는 마음을 갖게 되었습니다.

교회에도 얼마나 감사한지요. 교인들이 함께 모여 중보기도 한다는 게 너무 감사했습니다. 목사님이 억류되고 일주일이 되던 어느 새벽에 주님이 확실하게 제게 말씀해주셨어요. '내가 네 남편을 북한에 보냈어. 염려하지 마라. 내가 함께하고 있단다'라고. 전 그 말씀이 너무 감사해서 소리 내어 울었습니다.

그 후 위로부터 사람이 형용할 수 없는 감사한 마음을 마구 내려주셨습니다. 그래서 지금까지 한 번도 걱정과 염려를 하지 않고 감사하며 만나는 사람들을 오히려 위로할 정도로 잘 지내고 있습니다.

주님은 정확하시고 실수가 없으십니다. 그리고 신실하십니다. 너무나도 잘 알고 있지만 실제로 저희 가정에 이런 사건이 생기면서 개인적으로는 말할 수 없을 정도로 감사하고 있습니다. 하나님께서 정확한 시간에 목사님을 억류하신 것도 감사합니다. 지금 남북한의 상황을 보면 정말 겁이 날 정도로 어수선합니다.

그러나 그 땅의 영혼을 생각한다면 어느 누군가 밀알이 되어야 하는데 그가 목사님이라는 생각에 깊이 감사합니다. 주님은 손해 보실 분이 아니시니…. 그 땅의 영혼은 누가 책임지겠습니까?

목사님이 종신 노역형이라는 죄명을 받았을 때 저는 '주님, 또 살려 주셨네요' 하며 분명 목사님에게 사명이 있을 것이라고 생각하고 혼자 감사 기도를 드렸습니다.

그리고 교회가 목사님이 재판받던 그날 함께 기도했다는 말을 듣고 펑펑 울었습니다. 주님이 좋아하시는 일을 우리 교회가 하고 있다는 것이 감사하고 너무 자랑스러웠습니다.

요즘 북한이 미사일을 쏘아서 전 세계가 어수선하지만 이런 일이 더 많이 일어나야 주님이 더 크게 일하실 것이기에 목사님 때문에 걱정하지 말고 '주님이라면 이럴 때 어떻게 하실까' 생각하며 모두 마음 모아 기도에 집중했으면 좋겠습니다.

한 영혼을 천하보다 더 귀하게 여기시는 주님의 심정을 목사님에게 주시도록 기도해주십시오. 주님께서 영혼 구원을 위해 그 땅으로 목사님을 강제적으로 몰아가셨다는 사실에 저는 순종할 수밖에 없었습니다. 날이 추운데 교우들이 고생하면서 오타와에 찾아가 기도했다는 말에 행복했습니다.

저도 참석하고 싶었지만 솔직히 교우들을 만나면 울 것 같고, 자신이 없어서 참석하지 못했으니 이해해주시길 바랍니다. 한 번 사는 인생, 하나님나라 위해 목숨 걸고 기도하고 전도하는 사랑하는 큰빛교회가 되길 마음껏 축복해드리고 싶습니다.

목사님을 위해서 이렇게 기도해주십시오.

어둠의 땅이지만 빛의 역할을 하도록

하나님만 바라보고 감사하는 시간 갖도록

아버지의 마음 더 많이 주시도록

그 땅의 영혼을 품고 목숨 걸고 눈물로 기도하는 목사가 되도록

변장된 축복을 잘 감당하도록

끝까지 하나님 영광만 드러내도록

외롭지 않고 끝까지 잘 감당하도록 기도 부탁드립니다.

나는 이 편지를 통해 하나님께서 아내를 미리 준비시켜주셨음을 확신했고, 어느 누구의 기도보다 아내의 눈물의 기도를 들어주셨다고 믿게 되었다.

아내는 화를 복으로 만든 기도의 여인이다. 그녀에게 나는 평생 빚진 자가 되었다. 사랑의 빚, 기도의 빚, 눈물의 빚을 많이 졌다. 그래서 북한에서 나온 이후 아내와 하루도 떨어지지 않고 함께 다니고 있다. 그리고 둘이 합심해서 기도하는 능력을 날마다

체험하고 있다. 전도할 때도 둘씩 가라시던 주님의 말씀대로 살고 있다. 거의 24시간 같이 있으니 때로 부딪힐 때도 있으나 뒤늦게나마 아내 사랑에 힘쓸 수 있도록 은혜 주신 주님께 감사한다.

아내를 얻는 자는 복을 얻고
여호와께 은총을 받는 자니라

잠 18:22

전 세계가 기도하다

나를 북한의 손에서 건져내려고 많은 나라와 단체들이 크게 애썼음을 나중에 알게 되었다. 면회 온 캐나다 외교부 사람들이 두 명의 수상이 바뀌는 동안 나름대로 국정의 최우선 과제로 삼고 외교적인 노력을 많이 했다고 전했다.

미국과 한국 정부도, 반기문 전 유엔 사무총장과 이휘호 여사도 많이 애썼다고 전해 들었다. 그리고 북한의 높은 관리들과 해외 동포들도 애를 많이 썼다.

그러나 2년 반 동안 누구도 나를 돕지 못했다. 아니, 하나님께서 돕지 못하게 막으셨다고 하는 것이 더 맞을 것 같다. 주님의 손이 나를 구해주셨음을 모든 사람이 알도록 그렇게 하신 것 같다.

2017년 8월 9일 아침이 바로 주님의 시간이었다. 그때는 북한과 미국의 관계가 세계대전이라도 일어날 것 같은 일촉즉발의 상황이었다. 절대 불가능의 시간에 하나님의 전적인 간섭으로 석방이 되었다. 그때 이 말씀이 떠올랐다.

왕의 마음이 여호와의 손에 있음이
마치 봇물과 같아서 그가 임의로 인도하시느니라
잠 21:1

모든 것이 그렇듯이 왕의 마음도 하나님의 손 안에 있다. 하나님께서 절대 주권으로 나를 건져주셨다. 이것은 하나님이 친히 행하신 기적이었다.

내가 석방될 수 있었던 이유를 하나 더 꼽으라면 '전 세계 그리스도인들의 기도의 힘'이라고 하겠다. 내 석방이 그들의 간절한 기도의 응답인 것을 북한에서 나온 후에야 알았다. 그렇게 많은 사람들이 나를 위해 기도한다는 건 미처 생각하지도 못했다. 캐나다의 수천 교회와 미션스쿨 학생들, 미국과 한국의 수만 교회 성도들이 기도해주셨다.

또한 많은 이들이 기도에서 멈추지 않고 편지를 보내 나를 위로하고 격려해주었다. 한 번도 만난 적 없는 사람들이 CNN과 BBC, 유엔 대사관을 통해 격려의 카드와 편지를 보내주었다.

한국교회는 물론 포르투갈, 아일랜드, 영국, 미국, 캐나다 등

지의 수많은 성도들이 편지를 보내주었다. 어떤 분은 어미 새가 두 날개로 새끼를 품고 있는 사진과 함께 '하나님께서 당신을 보호하실 것'이라는 메시지를 보내주었다.

심지어 내가 캐나다에 돌아와 보니 수백 통의 편지가 쌓여있었다. 세상에는 정말 마음이 아름다운 사람들이 많음을 새삼 깨달았다. 그들은 대개 크리스천이었다. 나는 그들과 얼굴을 한 번도 마주한 적 없지만 우리는 그리스도 안에서 형제자매들이다. 언젠가 천국에 가면 감사의 인사를 전할 것이다.

그들이 보내준 편지가 얼마나 큰 위로와 힘이 되었는지 모른다. 나는 영원히 갚을 길이 없는 사랑의 빚을 졌다. 오직 하나님께서만 온전히 갚아주실 수 있을 것 같다. 나는 편지를 받으면서 많은 것을 느꼈다.

'어떻게 북한의 감옥까지 편지를 보낼 생각을 했을까? 역시 기독교 역사가 깊은 나라의 기독교 문화가 대단하구나!'

목사님들도 바쁜 가운데 기도하면서 귀한 위로의 편지를 보내주셨다. 이동원 목사님은 추운 겨울날 "봄이 오면 이제 봄의 축제의 노래를 부르자"는 희망의 메시지가 담긴 편지를 보내주셨다. 김하중 장로님도 소망의 편지를 보내주셨다. 그리고 그 편지의 내용처럼 그리 오래지 않아 나는 석방되었다.

온누리교회 이재훈 목사님의 위로의 편지, 96세 되신 박재훈 원로목사님의 "아들아, 빨리 돌아오라. 기다리고 있다"는 눈물의 편지, 예능교회 조건회 목사님의 사랑이 담긴 장문의 기도 편지,

귀환을 위한 기도회 현수막

전 세계에서 보내온 편지들

어머니의 눈물의 편지, 아내와 아들, 동생의 편지도 큰 힘이 되었다. 어린아이들은 그림을 그려서 보내주었다.

어떤 분은 작은 글씨를 잘 읽으라고 넓죽하고 네모난 돋보기를 보내주었는데 그것이 얼마나 유용했는지 모른다. 북한은 전력 사정이 안 좋아서 불빛이 매우 흐리고 정전이 잦았다. 그럴 때 작은 불이 들어오는 돋보기가 큰 도움이 되었다.

신안나 권사님을 중심으로 여러 교우들이 보내준 편지와 간식도 큰 기쁨이 되었다. 추운 겨울, 아들이 보내준 양말과 스키바지는 잠 잘 때 큰 도움이 되었다. 중국에 사는 선교사님은 빨랫비누와 볼펜, 노트를 보내주었다.

많은 분들이 보내준 사랑의 선물이 얼마나 힘이 되었는지 모른다. "너희가 서로 사랑하면 이로써 모든 사람이 너희가 내 제자인 줄 알리라"(요 13:35)고 하신 말씀이 마음 깊이 새겨지는 시간이었다.

나는 요즘 온 세상을 다니면서 깜짝 놀랄 때가 많다. 한국에서 지하철을 타고 가다가 동대문역에서 내리려고 하는데 한 중년 남성이 나를 따라 내리면서 인사를 건넸다. 초면인 그는 나를 위해 기도했다고 말해주었다.

시애틀에서 만난 미국인들은 함께 사진을 찍자고 청해왔다. 밴쿠버의 중국요리집에서 식사하는 도중에 나를 알아본 식당 주인이 사진을 찍자고 청해왔고, 그 식당에 있던 수백 명의 손님과 사진을 찍는 특이한 경험도 했다. 또 어느 오페라하우스에서는 공연이 시작되기 전에 나를 알아본 사회자가 소개하여 천 명이 넘는 많은 관객의 기립박수도 받았다.

토론토에서 가장 큰 어느 교회에서는 2년 동안 매주 쉬지 않고 나를 위해 중보기도를 드렸고, 내가 석방되자 온 교회가 축제를 했다고 한다. 한번은 한 서양 교회의 초청을 받아 주일 설교를 했는데, 예배 후에 몇몇 할머니가 나를 찾아왔다. 그 중 86세 된 키 큰 할머니가 내게 말했다.

"나는 당신을 위해 지난 2년 7개월 동안 기도했어요. 그런데 당신이 석방되기 3일 전에 하나님께서 당신이 석방되는 모습을 꿈을 통해 보여주셨지요."

그러면서 눈물을 흘리는 게 아닌가! 정말 꿈만 같은 일이었다. 이런 사람들을 가는 곳마다 만나는 게 너무나 신기하다. 나는 무너진 세상 속에 세워져 가는 하나님나라의 건설을 볼 수 있었다.

우리는 외롭지 않은 하나님의 자녀이며, 이 세상에는 하나님의 백성이 많음을 실감하고 얼마나 감사했는지 모른다. 그들을 언제고 천국에서 만나 면류관을 쓰고서 주님의 은혜를 함께 소리 높여 찬양할 것이다.

기도 응답의 기쁨

하나님을 믿고 기도하는 것은 너무나 재미있다. 기도의 목적은 하나님께는 영광이요 우리에게는 기쁨을 주시려는 것이다. 주님은 우리로 하여금 기도하게 하시고, 응답을 통해 우리에게 기쁨을 주신다.

하나님께서는 기도하게 하시며 아무것도 염려하지 말라고 하신다. 염려한들 키가 한 자도 더 자라지 않기 때문이다. 염려한다고 문제가 해결되지 않는다.

조금만 생각해보면 우리 인간은 아무것도 아니라는 결론에 도달한다. 우리는 흙으로 만들어진 진토 같은 존재이기 때문이다. 그림자처럼 사라지는 존재이다. 잠깐 있다 사라지는 안개와 같고, 풀의 꽃같이 금방 시들며, 계수할 가치도 없는 무력한 존재이다. 인간이 아는 것이 무엇인가? 모른다는 것을 알고 있을 뿐이다. 무지를 알 뿐이다.

그럼에도 하나님께서는 우리의 기도를 들어주신다. 우리가 악한 길에서 떠나 스스로 겸비하고 기도하며 하나님의 영광의 얼굴을 구하면 우리의 죄를 용서하시고, 삶의 터전을 고쳐주신다. 너무도 선하신 하나님이시다.

요즘 나는 북한 땅에서 드렸던 기도가 응답되는 기쁨을 누리고 있다. 그래서 날마다 주님을 기대하며 기다린다. 그곳에서 보여주신 비전을 향해 한 걸음씩 인도해주시기를 바라며.

무엇보다 하나님께서 예비해주신 사람들을 만나는 것이 가장 기대가 된다. 주님은 내게 '팀으로 일하고 싶다'는 마음의 소원을 주시고, 사람들을 모아주신다. 수많은 사람들이 몰려오는 것을 느낀다. 이제 내가 해야 할 일은 매순간 분별하는 것이다.

북한 땅에서 보여주신 비전 가운데 평신도 선교사 훈련원을 만들어 100만 선교사 시대를 여는 꿈이 있었다. 그곳에서는 아무것도 할 수 없어 오직 기도만 할 뿐이었다. 그런데 나와 보니 그동안 하나님께서 기도를 들어주시고, 이미 많은 것들을 예비해주셨음을 알게 된다.

밴쿠버, 아이티, 미국, 하와이, 한국, 캐나다 등 가는 곳마다 하나님께서 예비해주신 사람들을 만난다. 너무나 놀라워 감동에 감동을 받고 있다. 작은 고난의 대가가 이렇게 클 줄은 꿈에도 몰랐다. 너무도 놀랍고 감사할 뿐이다.

2015년 1월 30일 이후 굳게 닫혔던 세상이 2017년 8월 9일 이후 다시 연결되었다. 그러자 949일 동안 일어난 많은 변화가 눈에 들어왔다. 캐나다 수상도, 미국 대통령도, 한국 대통령도 바뀌었다. 그리고 꿈에 그리던 첫 손녀가 태어나있었다. 많은 시간이 흘렀지만 결코 잃어버린 시간이 아니었다.

'이런 일이 없었다면 어떻게 되었을까? 나도 별 수 없이 매너리즘에 빠져서 들포도 열매나 맺으면서 살지 않았을까? 극심한 고난을 통해 이젠 극상품 열매를 맺기로 결심했으니 얼마나 감사한 일인가!'

그리웠던 가족과의 만남

귀환 감사예배

살아온 날보다 남은 생애가 더 짧겠지만 더 많은 열매를 맺어 영광을 돌리게 될 줄로 믿는다. 그동안 보여주셨던 많은 비전, 기도 제목, 주신 사명을 생각하면 가슴이 벅차다. 고난을 겪으며 세상을 보는 눈이 많이 달라졌고, 생각하는 차원도 많이 달라졌다. 이제부터는 성령님의 인도하심만 바랄 뿐이다.

여호와는 나의 빛이요 나의 구원이시니
내가 누구를 두려워하리요
여호와는 내 생명의 능력이시니
내가 누구를 무서워하리요

시 27:1

귀환 감사예배

유기성 목사님은 정말 고마운 분이다. 다른 교회들도 물론 기도를 많이 해주었지만 선한목자교회는 특별했다. 매주 금요일 저녁에 2,000명이 넘는 성도들이 모여 중보기도 했다는 소식을 들었다. 더욱이 유 목사님의 사모님은 개인적으로 내 아내를 정성으로 돌봐주셨다.

내가 감옥에 있을 때 큰빛교회 후임자인 노희송 목사님이 2017년 가을 부흥회 강사로 유기성 목사님을 초청했다. 물론 나는 전혀 모르는 일이었다. 집회를 약속하고 1년 동안 목사님은 이렇게 기도하셨다고 한다.

'주님, 제가 큰빛교회 부흥회에 가는데, 제가 가기 전에 임현수 목사가 석방될 수 있게 해주옵소서.'

그런데 신실하신 주님께서 부흥회가 열리기 3일 전에 나를 석방시켜주셨다. 그래서 나도 그 부흥회에 참석할 수 있었다. 얼마나 놀라운 역사인가? 캐나다에서 부흥강사로 오신 유기성 목사님을 만났을 때 얼마나 기뻤는지 모른다.

그리고 유 목사님은 교계의 지도자 200여 분을 초청해서 '임현수 목사 귀환 감사예배' 시간을 만들어주셨다. 이재훈 목사님, 홍정길 목사님, 유기성 목사님, 곽수광 목사님, 이동원 목사님이 주최자가 되어 자리를 마련해주셨다.

또한 각계각층의 귀한 분들이 대거 환영해주셨다(이동휘 목사님, 손봉호 장로님, 김하중 장로님, 조봉희 목사님, 조건회 목사님, 김성로 목사님, 송태근 목사님, 김승욱 목사님, 노희송 목사님, 조용중 선교사님, 이용희 교수님, 정인수 목사님(CCC), 박종근 목사님, 한정국 선교사님, 이시영 장로님, 황선규 목사님, 유임근 목사님, 박영률 목사님, 방선기 목사님, 유관지 목사님, 이문식 목사님, 강경민 목사님, 이형석 목사님, 호성기 목사님, 최동환 대사님, 유은성 전도사님, 민산웅 장로님, 최찬영 목사님, 조한규 소장님, 민병도 회장님, 두상달 회장님, 이승율 회장님을 비롯한 CBMC 회장단, 군 관계자들, CCC 친구들).

예배는 식사 시간을 포함하여 4시간 동안 진행되었다. 얼마나 감사한 저녁이었는지 모른다. 내게는 아주 특별한 시간이었다. 하나님의 깜짝 선물이었다. 그리고 큰 은총의 표적이었다.

> 은총의 표적을 내게 보이소서
> 그러면 나를 미워하는 그들이 보고 부끄러워하오리니
> 여호와여 주는 나를 돕고 위로하시는 이시니이다
>
> 시 86:17

위에 거명한 분들뿐 아니라 이름 없이, 빛도 없이 눈물로 기도해주신 많은 분들의 기도와 사랑의 빚을 갚을 길이 없다. 하나님께서 보상해주시기를 기도할 뿐이다.

2장

오직
감사밖에는

감사는 선택이다

나는 지금 오직 감사한 마음뿐이다. 북한에 있을 때도 감사했지만, 풀려난 뒤 가장 감사한 것은 주를 깨끗한 마음으로 부르는 성도들과 함께 예배할 수 있다는 점이다.

또한 캐나다 정부에 무척 감사하다. 트루도 수상을 비롯한 외교부 장관, 국가안보보좌관, 연아 마틴 연방 의원 등 수많은 이들의 조용하면서도 수준 높은 외교 활동 덕분에 내가 북한에서 나올 수 있었다. 그리고 교민 사회에서 일하는 지도자들과 수많은 교민들에게도 감사하다.

북한에도 감사하다. 그곳에서 여러 가지 어려움을 겪었지만 지나고 보니 그들은 하나님의 도구로 쓰임 받은 것뿐이다. 그래서 나는 북한을 조금도 원망하지 않는다. 그 안에서 받은 연단을 통해서 온전함을 입었기 때문이다. 그들은 고문이나 폭력 행위도 하지 않았다. 할 수 있는 한 배려도 해주었다. 노동 교화소이기에 힘든 일이 많았지만 그런 가운데서도 인권 유린을 하지 않으려고 노력하는 모습을 볼 수 있었다.

내 체중이 현격히 줄어든 것을 보고 음식도 적지 않게 주어서 회복이 되었다. 어디에나 힘들게 하는 사람들이 있기 마련이지만 대다수의 보안원들은 나를 선대해주었다. 또 아플 때 병원에 갈 수 있도록 배려해준 것도 감사하다.

노동 교화소는 하나님께서 나에게 마련해주신 수도원과 같았다. 노동과 기도와 말씀 묵상이 2년 7개월 9일 동안 내 생활의 전부였다. 하나님께서 부족하기 짝이 없는 나를 요나처럼 다시 쓰시기 위해 어디에서도 할 수 없는 놀라운 경험을 하게 하셨다.

내가 감옥에서 벗어나게 해달라고 조르며 기도드릴 때마다 주신 말씀이 있다.

내가 가는 길을 그가 아시나니
그가 나를 단련하신 후에는 내가 순금같이 되어 나오리라
욥 23:10

"내가 가는 길을 주가 아신다"는 말씀이 가슴 깊이 와닿았다. '그러면 더 이상 조를 필요가 없지 않나? 하나님의 뜻이 있어서 허락하신 연단이라면 주님의 시간을 기다려야 하지 않을까?'

하나님께서 부족하기 짝이 없는 나를 요나처럼 다시 쓰시기 위해
어디에서도 할 수 없는 놀라운 경험을 하게 하셨다.

또 주님은 내게 "그의 노염은 잠깐이요 그의 은총은 평생이로 다 저녁에는 울음이 깃들일지라도 아침에는 기쁨이 오리로다"(시 30:5)라는 말씀도 주셨다. 내가 "그러면 언제까지입니까?"라고 더 기도하자 "비록 더딜지라도 기다리라"(합 2:3)는 말씀을 주셨 다. 그때부터는 믿음으로 기다릴 수 있었다.

나는 하나님의 최선을 믿었다. "참새 한 마리도 하나님의 허락 없이 떨어지지 않고 우리의 머리털까지 세신 바 되었다"는 말씀 을 굳게 믿었다(눅 12:6,7).

우리가 감사를 선택하면 더 큰 감사를 주시고, 오늘을 인해 감사하면 감사할 내일을 주시고, 작은 일에 감사하면 감사할 더 큰 것을 주신다. 감사가 축복의 문을 여는 비결이다.

모든 불신앙과 불만족, 불평이라는 바이러스를 극복하는 백신 은 감사뿐이다.

감사로 제사를 드리는 자가
나를 영화롭게 하나니
시 50:23

성경은 감사하는 자가 되라고 권면한다. 또한 말세에 고통하 는 때가 이르면 사람들이 감사하지 않을 것이라고 경고한다(딤 후 3:1,2 참조). 인간들이 타락한 뚜렷한 증거가 '감사하지 않는 것'이라는 의미다.

자유에 대한 감사

날아가던 새가 한순간에 잡혀 새장에 갇힌 것처럼 나도 감옥에 서 완전히 자유를 빼앗겼다. 나는 교화소에서 365일 24시간 신 전의식을 배우며 살았다. 사적인 시간은 단 1분도 허용되지 않았 다. 정말 숨 막히는 시간의 연속이었다. 그러나 일일 단위로 사 는 법을 터득하자 감당할 수 있었다.

40명 정도 되는 보안원들이 24시간 나를 지켰다. 그들은 내가 잠자는 동안에도 카메라로 감시했다. 어떤 때는 그 자리에서 움 직이지 못하고 그대로 앉아있어야 했다. 움직이려면 손을 들고 허락을 받아야 했고, 화장실에 가는 것조차 허락을 받아야 했 다. 한 발자국도 내 마음대로 움직일 수가 없었다.

그래서 요즘은 몸을 자유롭게 움직일 수 있는 것만 해도 감사 하다. 마음대로 운전하고 다니는 것이 너무 신기할 정도이다. 버 스를 타고, 지하철을 타고, 비행기를 타고 다니는 일들이 즐겁기 만 하다.

예전에 자유에 익숙했을 때는 못 느끼던 것이 새롭게 느껴진 다. 너무도 소중한 자유에 대해 감사를 잊고 살았다는 것을 깨 달았다. 대한민국에서, 캐나다에서 누리던 자유는 실로 놀라운 것이었다. 하고 싶은 말을 맘대로 할 수 있는 것 또한 너무 감사 하다. 무엇이든지 자유롭게 선택할 수 있는 것도 말로 다 할 수 없는 축복이다. 조용한 아침에 창으로 들어오는 따뜻한 햇볕을 받으며 맘대로 글을 쓸 수 있는 것이 너무 행복하다. 차를 마시고 싶으면 언제나 만들어 마실 수 있는 것도 감사하다.

사과 한 쪽을 먹으면서도 눈물이 날 정도로 감사해서 기도를 드리고 싶어진다.

'어떻게 이렇게 맛있고 귀한 것이 내게 주어졌을까?'

사과의 빨간 껍질도 신기하고, 하얀 속살도 신기하기 그지없다. 사과 한 입을 깨물 때 느껴지는 그 맛도 감사할 뿐이다. 한겨울의 추위를 한없이 견디며 참았다가 봄이 오면 꽃을 피워내고, 뜨거운 여름엔 땡볕을 견디면서 탄소동화작용을 거듭하는 생명의 신비를 생각해본다. 얼마나 감사한 일이며, 선하신 하나님의 은총인가!

사과 한 개가 내 손에 들어오기까지의 과정을 묵상하다 한없는 감사를 느낀다. 이런 말은 종일 해도 끝이 없을 것이다.

우리의 영적 자유는 예수님의 피 값으로 주어졌다. 죄의 종 되었던 우리에게 영적 자유를 주시려고 십자가에서 속죄의 피를 흘려주신 주님의 사랑을 어떻게 말로 다 표현할 수 있겠는가!

전에는 죄의 종이었고, 어둠에 종노릇했고, 이스라엘 밖의 사람이었고, 그리스도 밖에 있었으며, 하나님의 약속에 대해서도 외인이었고, 사망에 매여있던 우리에게 자유와 해방을 주신 것을 생각하면 평생 감사해도 못다 할 것이다. 과거를 조금만 생각해도 감사는 그치지 않을 것이다.

자유를 박탈당해본 사람은 자유의 가치를 잘 안다. 감옥에 갇혔던 사람은 자유가 무엇인지, 얼마나 소중한 것인지 안다. 자유는 인간의 기본적인 권리이고 특권이며, 누구도 빼앗을 수 없고, 빼앗겨서도 안 된다. 오죽하면 패트릭 헨리(Patrick Henry)가 이렇게 말했겠는가!

"Give me liberty or give me death(자유가 아니면 죽음을 달라)!"

고난의 풀무를 통과하며

"고난을 통과하는 사람이 99명이라면 번영을 통과하는 사람은 1명이 되기 힘들다"는 말처럼 나도 고난은 잘 통과했다. 어쩌면 이제부터 싸워야 할 번영과 축복의 시간이 더 힘겨운 인생의 싸움이 될 것이다.

감옥에 있는 동안 하나님께서는 내게 지극히 가난한 마음과 죄악에서 떠날 수 있는 훈련을 주셨다. 이 상태만 유지하면 하나님의 영광을 가리지 않고 살아갈 수 있으리라는 믿음이 생겼다.

'한순간도 낭비 없이 살 것이다. 방황하지 않고 나태하게 보내지 않을 것이다. 시간을 전략적으로 사용할 것이다. 우선순위에 맞추어 성령의 인도를 받는 카이로스의 시간을 살 것이다.'

이런 생각을 하니 매분 매초가 아까웠다. 그래서 내 감옥생활은 하나님의 시간표(divine schedule)가 되었다. 매우 힘들고 외롭고 고달팠지만 매일 감사와 기도와 노동으로 충만하게 보냈다. 지금 생각해보면 모두가 주님의 은혜였다.

열매 없는 무화과나무를 저주하셨던 주님의 마음이 깊이 이해가 된다. 선택 받은 이스라엘에게 기대하시는 것은 열매 아닌가? 그럼에도 특권만 주장하고 사명을 망각했던 이스라엘에게서 교훈을 받아야 한다.

너희가 나를 택한 것이 아니요
내가 너희를 택하여 세웠나니
이는 너희로 가서 열매를 맺게 하고
또 너희 열매가 항상 있게 하여
내 이름으로 아버지께 무엇을 구하든지
다 받게 하려 함이라

요 15:16

나는 북한을 정말 고맙게 생각한다. 고난당한 것이 모두 내게 유익이 되었기 때문이다. 그들은 하나님의 도구로 쓰였을 뿐이다. 내게 언어폭력을 가하며 무척 힘들게 했던 형제들도 다 용서한다. 그들도 필요해서 주님이 사용하셨기 때문이다. 그들도 그곳에서 태어났기에 그럴 수밖에 없었을 것이다. 내가 남한에서 태어나 캐나다 시민이 된 것이 감사할 뿐이다.

신비 가운데 가장 놀라운 것이 고난의 신비가 아닐까 싶다. 십자가의 신비는 또 얼마나 놀라운가. 북한에서의 고난 이후에 나는 어린아이처럼 오직 나의 사랑하는 아빠 아버지만 바라보며 살게 되었다.

고난의 의미를 깨닫고 동참하다

예수님이 받으신 고난보다 더 억울하고 모순되고 불합리하며 잔인한 재판은 역사 이래 없었다. 십자가형보다 더 참혹한 형벌도 찾기 어렵다. 주님은 죄 없는 하나님의 어린양으로 이 세상에 오셔서 단지 우리의 죄를 속량하시기 위해 뺨을 맞으시고, 침 뱉음을 당하시고, 채찍에 맞으시고, 결국 십자가에서 양손과 양발에 못이 박혀 돌아가셨다.

내가 받은 고난이 아무리 억울하고 모순되어도 예수님의 고난과는 비교조차 할 수 없었기에 그분을 생각하면서 오래 참을 수 있었다. 내가 받는 고난을 예수님의 고난에 비하는 순간 새털처럼 가벼워짐을 느꼈다.

우리 생애에 예수님의 고난에 조금이라도 참여할 수 있다면 얼마나 감사한 일인가! 비록 순교는 못했지만 내 작은 고난이 정말 놀라운 축복임을 깨달았다. 깊고 높으신 그분의 뜻을 다 알지는 못하지만 고난의 신비를 생각할수록 감사할 뿐이다.

그런 의미에서 "고난은 제3의 성례"라고 말한 믿음의 선진들의 고백은 정확한 말씀이다. 고난은 하나님의 거룩한 섭리이다. "고난당한 것이 내게 유익이라 이로 말미암아 내가 주의 율례들을 배우게 되었나이다"(시 119:71)라는 시편 기자의 고백은 얼마나 참된가. "고난당하기 전에는 내가 그릇 행하였더니 이제는 주의 말씀을 지키나이다"(시 119:67)라는 말씀도 얼마나 지당한가.

하나님께서 귀하게 쓰신 종들, 하나님의 사람들은 하나같이 고난의 풀무를 견뎠다. 나는 북한에 있는 동안 요셉의 고난을 내내 묵상했다. 하나님의 사람 예레미야, 다니엘, 사도 베드로와 세례 요한의 고난도 묵상했다. 특히 바울의 말할 수 없는 고난과 길고 긴 감옥생활과 그 이후의 삶을 보았다.

이들 '감옥 출신'들이 하나님의 귀한 종으로 사용되는 것을 보면서 감옥생활이 결코 불행한 것만은 아님을 깨달았다. 그런 면에서 감옥은 하나님의 변장된 축복이었다. 내가 감히 선지자들의 고난에 동참하고 있다는 사실이 얼마나 감사했는지 모른다.

나는 지난 18년 동안 주는 자로 살았기에 북한 동포들이 받는 고난을 깊이 느끼지 못했다. 그러나 지금은 내 사랑하는 북한 형제들이 받는 고난에 동참할 수 있었던 것이 감사하다. 모세도 하나님의 백성들과 함께 고난받는 것을 애굽의 재물과 보화보다 더 귀한 것으로 여기지 않았는가!

믿음으로 모세는 장성하여

바로의 공주의 아들이라 칭함 받기를 거절하고

도리어 하나님의 백성과 함께 고난 받기를

잠시 죄악의 낙을 누리는 것보다 더 좋아하고

그리스도를 위하여 받는 수모를

애굽의 모든 보화보다 더 큰 재물로 여겼으니

이는 상 주심을 바라봄이라

히 11:24-26

나는 처음부터 감옥에 혼자 있었기에 이야기할 수 있는 대상이 아무도 없었다. 그야말로 독방에 들어가서 나오는 순간까지 혼자였다. 그러나 어느 날 생각해보니 나는 완전히 VIP였다. 그것은 특별한 경험임에 틀림없었다.

50여 명의 사람들이 나 한 사람을 위해 동원되었다. 그들은 나 때문에 고생도 많이 했다. 그래서 미안한 마음도 많이 든다. 그들은 하나님의 도구로 쓰임 받았을 뿐이다.

요나 한 사람이 훈련되기 위해 큰 배가 동원되었고, 수많은 사람이 고통을 겪었다. 큰 물고기가 준비되었고, 바다가 요동쳤으며, 뜨거운 바람이 불었고, 벌레와 박 넝쿨이 사용되었다. 하나님은 내게도 여러 사건과 사람들을 동원하시어 이런 훈련을 시키셨다. 매순간이 여호와 이레의 시간이었다.

불순물을 제거해주시다

회개하고 주님의 자녀가 된 뒤, 하나님의 일을 하라는 소명을 받아 CCC 간사를 하고, 30년간 은혜 가운데 목회를 하고, 큰 예배당을 짓고, 해외 선교를 한다고 수없이 돌아다녔다.

하지만 어느새 나도 모르게 매너리즘에 빠져 죄를 짓고, 하나님과의 교제가 멀어졌다. 사람들은 잘 모르지만 하나님 앞에서 나는 죄인 중의 괴수였다.

새벽기도회도 열심히 했고, 설교도 했고, 성경도 가르쳤고, 제자훈련도 했지만 나도 모르는 사이에 죄가 자랐다. 들킨 죄와 들키지 않은 죄가 있을 뿐이었다. 그래도 은혜로 허물의 사함을 받고 죄의 가리움을 받았다. 그런데도 정신을 차리지 못하고 주의 은혜를 업신여기며 살았다.

혹 네가 하나님의 인자하심이
너를 인도하여 회개하게 하심을 알지 못하여
그의 인자하심과 용납하심과
길이 참으심이 풍성함을 멸시하느냐
다만 네 고집과 회개하지 아니한 마음을 따라
진노의 날 곧 하나님의 의로우신 심판이 나타나는
그날에 임할 진노를 네게 쌓는도다

롬 2:4,5

마치 돼지를 씻겨놨더니 다시 진창에 뒹굴고, 개가 토한 것을 다시 먹는 것처럼 버렸던 죄를 반복하기도 했다. 로마서 7장에 기록된 바울 사도의 고백처럼 죄를 짓지 않을 수 없었다.

그래서 수도원 같은 곳에 가서 6개월 정도 회개하고 기도하면서 살고 싶은 갈망이 있었다. 그런 소원을 기도로 아뢰면서도 오랫동안 결단을 하지 못했다. 그런데 하나님께서는 온갖 구하는 것과 생각하는 것에 넘치도록 채우신다는 말씀처럼 내 기도를 들으시고 완벽한 수도원을 마련해주셨다(엡 3:20 참조).

주님은 그곳에서 내 안의 탐욕과 교만과 음란과 거짓과 어리석음을 철저히 회개하게 하셨다. 내가 죄인 중의 괴수임을 깨닫게 해주셨고, 내 속에 있던 모든 불순물을 깨끗하게 제거해주셨으며, 다시 성령의 도우심을 받아 가난한 마음과 성령의 능력으로 살게 해주셨다.

말씀의 은혜를 주셨고, 거룩하고 가난한 마음을 주셨다. 죄를 짓지 않고도 살 수 있겠다는 믿음의 결단도 하게 해주셨다.

은혜의 표적을 보여주시다

감옥에서의 첫 밤에 꾸었던 호랑이 앞의 두꺼비 꿈은 '너의 영적인 첫사랑, 영적인 청춘을 회복하라'는 하나님의 말씀으로 해석되었다. 그리고 금두꺼비로 변화된 내 모습에서 '나를 향하신 주님의 기대는 내가 정금 같은 존재가 되는 것에 있구나'라고 깨달았다.

또한 주님은 "들포도 열매를 맺지 말고 극상품 포도 열매를 맺으라"는 말씀도 주셨다. 전에는 잎만 무성한 무화과나무 같았다면 이제는 열매를 맺으면서 살라는 메시지였다.

> 땅을 파서 돌을 제하고
> 극상품 포도나무를 심었도다
> 그 중에 망대를 세웠고
> 또 그 안에 술틀을 팠도다
> 좋은 포도 맺기를 바랐더니
> 들포도를 맺었도다
> 사 5:2

주님은 꿈의 표적과 더불어 자연의 표적도 보여주셨다. 신기하게도 새들이 내 방 앞에서 노래하면 좋은 소식이 왔다. 캐나다에서 편지와 먹을 것을 갖고 대사관 직원들이 찾아왔을 때도 그랬다. 적어도 네 번 이상 그런 표적이 있었다.

마지막에는 여러 마리의 새들이 찾아와서 노래했다. 그래서 '무슨 좋은 일이 있으려나' 하는 기대를 갖고 밭에 일하러 나갔는데 조금 후에 소장이 급히 불렀다. 그리고 옷을 갈아입히고 짐을 싸라고 했다. 바로 석방되는 날이었다. 하나님께서 새들을 통해 내게 은총의 표적을 보여주신 것이다(시 86:17).

주님은 꿈의 표적과 더불어 자연의 표적도 보여주셨다.
신기하게도 새들이 내 방 앞에서 노래하면 좋은 소식이 왔다.

한여름 태양이 뜨겁게 작열하는 옥수수밭에서 땀범벅이 되어 일하던 도중 바람을 보내달라고 기도한 적이 있다. 옥수수밭은 산골짝에 있었는데, 양쪽 산에는 바람 한 점 불지 않았다. 그런데 기도가 끝나자 갑자기 앞에서 시원한 바람이 불기 시작했다. 너무도 시원해서 기분이 좋아지니까 일이 하나도 힘들지 않았다. 기쁨이 고통을 반감시켜주었다.

그런 내 모습을 보면서 박 넝쿨 아래의 요나가 떠올랐다. 자기 몸 편한 것만 좋아하던 그의 모습이 바로 내 모습이었다. 그러나 지극히 개인적인 기도까지도 응답해주신 주님께 얼마나 감사했는지 모른다.

그런 sign of God's favor(하나님의 호의의 표시)가 무척 많았다. 이를 통해 기도의 응답은 우리의 기쁨을 위한 것이며, 하나님께 영광을 돌리는 길임을 배웠다.

너희가 내 이름으로
무엇을 구하든지 내가 행하리니
이는 아버지로 하여금 아들로 말미암아
영광을 받으시게 하려 함이라
요 14:13

지금까지는 너희가 내 이름으로
아무것도 구하지 아니하였으나

구하라 그리하면 받으리니
너희 기쁨이 충만하리라

요 16:24

기다림이 믿음이다

"믿음, 소망, 사랑은 영원한 것"이라는 말씀처럼 믿음은 우리가 영원히 간직해야 할 경건의 덕목이다. 보이지 않는 하나님을 믿음으로 많은 시련을 견딘 것, 그분의 약속의 말씀을 믿고 기다릴 수 있었던 것이 감사하다.

염려와 걱정이 찾아오고 두려움이 공격해 올 때마다 믿음의 방패로 막아낼 수 있었음이 감사하다. 보안원들의 언어폭력으로 인한 스트레스를 믿음으로 막아내고, 오히려 그들을 축복하며 사랑할 수 있는 믿음을 갖게 된 것도 너무 감사하다.

요셉은 믿음으로 오랜 세월을 기다렸고, 힘든 유혹도 이겨냈다. 그는 긴 감옥생활을 했으며, 억울한 일들을 많이 겪었지만 믿음으로 기다렸다. 그는 결국 큰 승리를 거두었다.

아브라함도 길고 긴 시간을 믿음으로 기다렸다. 그는 75세에 부르심을 받고, 약속을 받은 뒤에 25년을 기다렸다. 불가능한 상황에서도 무에서 유를 창조하시는 하나님을 믿었고, 그분이 죽은 자를 살리시는 분임을 믿는 단계까지 이르렀다. 그는 기다림 끝에 이삭을 선물로 받았고, 믿음의 조상이 되었다.

바울처럼 오래 기다린 사람도 없을 것이다. 그는 많은 고생을 했고, 배반을 당했고, 채찍에 맞았고, 돌팔매질과 온갖 위험을 당했고, 감옥에도 수없이 갇혀 고생했다. 그럼에도 하나님을 믿고 기다리며 로마에 입성하여 당시 세계복음화를 이루었다.

기다림이 믿음이다. 보이지 않아도 하나님의 약속을 믿고 기다리라. 이해가 되지 않아도 믿고 기다리라. 오직 하나님만 믿으라. 그분의 사랑과 은혜, 약속과 섭리를 믿으라.

믿음은 기다림이다. 기다리는 동안 주님과의 교제가 깊어진다. 어떤 응답보다도 그분과의 교제가 더욱 중요하다. 그 과정이 쉽지는 않지만 믿고 기다리는 동안 우리의 믿음은 더욱 견고해진다.

134번의 독방 예배와 3,000끼의 혼밥

고독과 외로움에 시달려보면 교제할 수 있는 친구가 있는 것이 얼마나 감사한지 알게 된다. 나는 949일 동안 아무와도 말할 수 없는 독방에서 보냈다. 134번의 주일예배를 혼자 드리면서 말이다. 감옥에서 예배드릴 때마다 함께 주를 예배하는 성도들이 있는 것이 얼마나 큰 축복인지 절감했다.

또 감옥에 있는 동안 혼자서 3,000끼의 밥을 먹었다. 혼자 밥

먹는 것은 정말 처량하고 쓸쓸했다. 지금은 식탁에 함께 앉아 대화하고 교제할 수 있는 대상이 있는 것이 너무나 감사하다.

고독과 싸우는 것은 말처럼 쉽지 않다. 내 경우는 하나님과 대화하는 기쁨을 누릴 줄 알기에 그 시간을 극복할 수 있었지만 하나님을 모르는 사람들은 이기기가 힘들 것이다. 고독한 노인, 외로운 고아, 남편 없는 과부, 이혼한 사람 등 여러 독신자들을 보라. 얼마나 힘겨운 인생의 싸움을 하고 있는가.

하지만 고독과 외로움이 내게는 유익이 되었다. 하나님을 가까이하는 데 큰 도움이 되었기 때문이다. 사람들이 없으니까 하나님을 더 가까이할 수 있었다.

나는 감옥에 있는 동안 바울이 아라비아에서 보낸 3년을 어느 정도 이해할 수 있었고, 모세의 미디안 광야생활의 의미도 깨달을 수 있었으며, 사막의 수도사들의 고독한 생활과 갑바도기아 땅속에서 살던 성도들의 삶도 이해하게 되었다.

외로운 시간을 보내던 중 하나님의 은혜로 감옥생활 1년이 지난 후에 성경을 받아볼 수 있었다. 내국인에게는 절대 허락되지 않지만 나는 외국인의 신분이라 가능했다.

나는 매일 성경을 읽었다. 그리고 병원에 입원했을 때는 잠자는 시간을 빼고는 성경만 보았다. 너무나 감사해서 읽고 또 읽고, 묵상하고 암송했다. 그런 시간이 없었다면 힘든 감옥생활을 이길 수 없었을 것이다.

솔직히 목회할 때는 너무 분주하고 설교 준비하느라 바빠서 성경을 많이 못 읽었다. 또 여행을 하느라 시간을 많이 썼고, 사람들을 만나느라 세월을 흘려 보냈다. 컴퓨터 앞에서 그리고 스마트폰을 붙잡고 많은 시간을 보냈다. 경조사에 따라다니느라, 운전하느라 시간을 낭비하기도 했다.

그런 시간을 빼앗기지 않았기에 감옥은 내겐 더할 수 없이 복된 수도원이었다. 그곳에서 말씀 묵상을 깊이 할 수 있었던 것이 너무나 감사하다. 시편은 내 고백이 되었고, 예레미야서, 이사야서는 내게 주시는 책망과 위로의 말씀이었으며, 로마서, 갈라디아서를 통해서는 복음의 진리를 새롭게 깨달을 수 있었다.

찬송의 은혜

교화소에서 노동하면서 가장 많이 부른 찬송이 있다.

나는야 친구 되신 하나님과
푸른 초장 한없이 거니네
손을 잡고 기쁨을 나누면서
단둘이서 한없이 거니네

지나간 날들 내게 말씀하며

앞날에 될 일 내가 들을 때
믿을 수 없는 꿈만 같은 사실 믿으니
이 세상 천국 같네

나는야 친구 되신 하나님과
영원히 다정하게 지내리
천지는 모두 없어진다 해도
우린 영원히 지내게 되리

주님과 나만의 시간이 전부였던 949일 동안 이 찬송을 정말 많이 불렀다. 신기하게도 부르면 부를수록 이 찬송이 내게 기쁨과 즐거움이 되었고, 내 고백이 되었다.

큰 위로와 힘이 되었던 또 다른 찬송은 손양원 목사님이 작시하신 찬송가 541장이었다.

꽃이 피는 봄날에만 주의 사랑 있음인가
열매 맺는 가을에만 주의 은혜 있음인가
땀을 쏟는 여름에도 주의 사랑 여전하며
추운 겨울 주릴 때도 주의 위로 변함없네

솔로몬의 부귀보다 욥의 고난 더 귀하고
솔로몬의 지혜보다 욥의 인내 아름답다

이 세상의 부귀영화 마귀 유혹 손짓하나
고생 중에 인내하면 최후 승리 이루리라

세상 권력 등에 업고 믿는 자를 핍박하는
어리석은 사람들아 회개하고 돌아오라
우상의 힘 얼마 가며 인간의 힘 얼마 가나
하나님의 심판날에 견디지를 못하리라

저 천국을 바라보니 이 세상은 나그네 길
죽음의 길 피하라며 나의 갈 길 막지 말라
내게 맡긴 양을 위해 나의 겨레 평화 위해
우리 주님 가신 길을 충성으로 따르리라

이 찬송을 수없이 부르면서 가사를 다 외웠고, 매일 은혜를 받았다. 특히 "솔로몬의 부귀보다 욥의 고난 더 귀하고 솔로몬의 지혜보다 욥의 인내 아름답다"라는 가사가 큰 은혜가 되었다.

손 목사님이 받으신 고난에 비하면 내 고난은 아무것도 아니었다. 두 아들을 순교의 제물로 내어드렸을 뿐 아니라, 자식을 죽인 공산당원을 자신의 아들로 삼은 목사님의 고백이기에 더욱 마음에 와닿았다.

주님은 광야에서 찬송을 주셨다. 찬송은 내게 힘과 능력을 주었고, 극도의 고난 가운데서도 참을 수 있는 은혜를 주었다. "찬송이 능력"이라는 말이 실제 내 경험이 되었다.

나는 수없이 찬송했다. 때로는 울면서 찬송했다. 철저히 회개가 되었기 때문이다. 새들의 노랫소리를 들으면서, 말없이 찬양하는 나무들을 보면서, 담장을 타고 올라온 호박잎을 보면서, 양과 소와 오리와 염소들을 대하면서 하나님의 은혜와 사랑을 새롭게 깨닫게 되었다. 그러니 온통 감사할 것밖에 없었다. 그래서 찬송을 불렀다.

찬송가 273장 〈나 주를 멀리 떠났다〉를 부르며 통회 자복하는 회개를 했다. 영어 가사로 부르니 눈물이 하염없이 흘렀다. 영어를 잘해서가 아니라 영어 가사에는 한글 가사에 빠진 내용이 있었기 때문이다.

191장 〈내가 매일 기쁘게〉를 부르며 성령 충만한 삶을 간구했고, 베토벤의 찬송 〈기뻐하며 경배하세〉와 하이든의 찬송을 부르며 하나님의 은혜를 진심으로 찬송했다.

더욱이 고난의 삶을 살았던 해버갈(Frances Ridley Havergal) 자매의 찬송은 가난한 마음으로 주를 찬송하는 은혜가 넘치게 해주었다. 찬송을 부르는 기쁨을 어디에 견줄까! 찬송은 내게 능력이었다. 긴 감옥생활을 힘들지 않게 보내라고 주신 하늘의 신비한 선물이었다.

찬송가를 1장에서 마지막 장까지 차례대로 불러보고 영어로도 불렀다. 며느리가 손녀를 임신했다는 소식을 듣고는 영어 어린이 찬송을 14개 정도 암송했다.

찬송은 내게 능력이었다.
긴 감옥생활을 힘들지 않게 보내라고 주신
하늘의 신비한 선물이었다.

사실 나는 〈나의 사랑하는 책〉이라는 찬송을 부를 때마다 가사가 깊이 와닿지 않았다. 어머니의 무릎에 앉아서 성경 말씀을 재미있게 들어본 경험이 없었기 때문이다. 그래서 손주들을 품에 안고 찬송을 많이 불러주어야겠다고 다짐했다.

사랑의 하나님 귀하신 이름은
내 나이 비록 적어도 잘 알 수 있어요

온 천하 만물이 그림책 같으니
그 고운 그림 보아서 그 사랑 알아요

저 고운 꽃밭에 비 오다 개이면
하늘에 뻗친 무지개 참 아름다워요

저 푸른 하늘의 수많은 별들도
주 하나님의 사랑을 늘 속삭이지요

2개월 이상 찬송을 외운 것 같다. 이 멋진 찬송가 가사를 손녀가 평생 아름다운 추억으로 간직할 수 있도록 하나님 아버지께서 나를 준비시켜주셨다.

감옥이 준 최고의 선물 700개 강의안

예) **새죄전말마소**

새교제전말10통10북345

죄죽이구성부기부은사8복4복

전평양성민경기열십진은티

말기본하청숨진연사무감

마찬겸교감밑교조평위입소

소잠돌거부무대빛바말베뚜

예) **새교제전말10통10북345**

새교우-왜성악전기교/ 어부삼성믿기/ 이들깨친들판

교회-성기사항계십축제가열/ 파지극세기부시인미미

제자-무소유자자열열사사

전도-둘둘성구복한가교제땅/ 본명예성들영사현종한

말세-지지이적복한가교제땅/ 깨기기정

10통-하사민경제평강복골새

10북-군경정기교자체농관해

345-주사십/ 예복성사/ 말기재성스

위에 적은 것은 한 가지 예를 든 것이다. 강의 하나에 한 글자씩 제목을 달면서 외웠다. 949일 동안 매일 암송은 계속되었다.

감옥에서 하나님께 받은 가장 큰 선물은 바로 700개 정도의 강의안을 만들고 암송한 것이다. 정신없이 달려온 지난 43년의 사역을 돌아보며 차분하게 정리할 수 있었던 것은 큰 은혜였다.

공산당과 이슬람 사회에서는 아무런 증거가 없어야 한다. 그래서 나는 모든 것을 머리에 담기로 했다. 그러자면 외우는 수밖에 없었다. 돌에 새기듯이 반복해서 외우니 쉽게 외워졌다.

잠자리에서도 말씀을 묵상했고, 새벽에 일어나기 전, 아침에 잠깐 시간이 날 때, 일하러 나가 곡괭이질이나 삽질을 할 때, 돌을 나를 때, 김을 매며 풀을 뽑을 때, 감자를 캘 때, 얼어붙은 석탄을 깨서 리어카에 가득 싣고 종일 산길을 오를 때도 묵상했다. 또 옥수수밭과 고추밭, 산비탈에 심은 콩밭에서 일할 때나 잠깐씩 쉴 때도 묵상과 암송을 쉬지 않았다.

그러니 지루하지 않고 보람이 있었다. 한 강의안을 가지고 며칠 동안 소처럼 되새김질을 했다. 다음 강의안을 외울 때 앞엣것을 다시 복습하면서 외우다 보니 어느덧 700개가 넘었다.

이 내용을 구체적으로 적으려면 책 한 권 분량이 넘을 것이다. 나는 감옥에서 나온 지 2년 가까운 시간이 지났지만 여전히 생생하게 기억하고 있다.

2부

북한에서의
삶

3장
949일의
기록

기가 막힌 재판을 받으며

나는 북한에서 너무도 억울하고 모순된 재판을 받았다. 그야말로 선을 악으로 갚는 재판이었다.

최고 존엄 모독 죄

이것은 김일성 우상화를 비판했다고 내린 죄목이다. "김일성 대신 하나님을, 김정일 대신 예수님을 믿고, 당 대신 교회를 세워야 하며, 43,000개의 혁명 사적관을 교회로 만들어야 한다"는 강의를 인터넷에서 듣고 나를 죽이기로 결심한 것이다.

나를 조사하는 이들이 십계명에 대해 묻기에 하나씩 설명해주었다. 그러면서 특히 1계명과 2계명을 강조해서 설명했다. 창조주 하나님께서 인간에게 주신 첫 번째 계명이 "나 외에 다른 신을 섬기지 말라"이고, 두 번째 계명이 "너를 위하여 우상을 만들지 말라"라고 말해줬다.

이것은 전능하신 하나님의 말씀이기에 김일성 동상 28,000개를 만들어놓고 절하고, 금수산기념궁전에서 절하는 것은 잘못이라고 했다. 그러자 그들이 소리를 질렀다.

"하나님을 믿으려면 조선의 하나님을 믿어야지, 왜 서양의 하나님을 믿느냐? 하나님이 어디 있냐? 있으면 보여줘 봐라. 조선의 하나님은 위대한 김일성 수령이시다."

그러면서 조사를 책임 맡았던 부장이 내 앞에서 눈물을 흘렸다. 두 가지 의미가 담긴 울음이었다. 첫째는 '네가 뭔데 감히 수령님을 모독하느냐'고, 둘째는 '내가 그 분에게 얼마나 큰 은덕을 입었는데, 나 같은 노동자를 김일성대학까지 보내준 은인을 어떻게 그처럼 모독할 수 있느냐'는 의미의 눈물이었다.

그러나 나는 아무리 생각해도 그들의 주장에 조금도 동의할 수가 없었다. 어쩌면 인간을 그렇게 우상화할 수 있을까? 그들은 우상화 작업을 위해서라면 어마어마한 돈도 아끼지 않는다.

주민들은 굶어 죽어도 상관이 없다. 돈을 사용하는 우선순위에서 우상숭배가 최우선이다. 동상뿐 아니라 그 많은 영생탑과 조각품은 어떤가? 그림, 배지, 사진 등 김일성 우상화는 곳곳에서 쉽게 찾아볼 수 있다.

나는 북한이 복을 받지 못하고, 그 땅이 그토록 황폐해지고, 밭에 벌레가 많고, 땅이 결실하지 못하며, 민둥산이 되어가고, 바다에 고기가 없는 이유가 하나님께서 축복을 거두어 가셨기 때문이라고 생각한다. 하나님 앞에서 가장 큰 죄는 우상숭배다. 이것이 가장 미련하고 악한 죄라고 성경은 말한다.

> 그들의 우상들은 은과 금이요 사람이 손으로 만든 것이라
> 입이 있어도 말하지 못하며 눈이 있어도 보지 못하며
> 귀가 있어도 듣지 못하며 코가 있어도 냄새 맡지 못하며
> 손이 있어도 만지지 못하며 발이 있어도 걷지 못하며
> 목구멍이 있어도 작은 소리조차 내지 못하느니라
> 우상들을 만드는 자들과 그것을 의지하는 자들이
> 다 그와 같으리로다
> 시 115:4-8

하나님 외에 탐욕으로 더 사랑하고 숭배하는 대상이 있다면 그것이 곧 우상이다. 우리의 가장 귀한 애정을 빼앗거나 하나님 대신으로 생각하는 것이 곧 우상숭배이다. 우리 마음속에 최고의 지위를 차지할 분은 오직 하나님이시다. 우리가 다른 신을 두고 섬기면 이는 두 주인을 섬기는 것이다.

특대형 국가 전복 음모 죄

우리가 그동안 북한을 지원한 사업은 100퍼센트 순수한 동족애에서 한 것이고, 하나님의 사랑으로 한 것이며, 힘들지만 사랑

의 의지로 한 것이다.

　나는 18년 동안 북한 땅을 밟으면서 조금도 책잡힐 일을 한 적이 없다. 김일성 동상에 절하지 않은 것은 처음부터 합의한 일이었다. 절하라고 하면 안 가겠다고 했더니 그들이 동상 앞에 안 가도 된다고 분명히 약속했다. 그래 놓고 내심 못마땅했나 보다. '지금은 배고프니까 너를 이용할 수밖에 없다'는 생각뿐이었던 것이다.

　그러다가 자기들 안에서 권력 투쟁이 일어나면서 나를 문제 삼아 싸우게 되었는데, 우리를 돕고 지원하던 통일전선부가 다른 권력에게 밀리고 말았다. 그러자 그들을 숙청할 명분을 만들기 위해 나를 잡아들였다.

　나중에 필요하면 그들의 이름을 다 밝힐 수 있지만 더 이상은 말하지 않겠다. 나로 인해 사람들이 다치지 않기를 바라기 때문이다. 궁극적으로는 하나님께서 허용하셨기에 벌어진 일이지만, 실제적인 이유는 그들의 얄팍한 정치적 욕심 때문에 일어난 사건이었다.

　결국 하나님께서는 공의로 그들을 다스려주셨다. 음모를 꾀하던 자들은 스스로 자기 함정을 파고 그 안에 빠져버렸다. 더구나 죄 없는 주민들까지 수많은 재난을 겪는 것을 내 눈으로 분명히 보았다. 그래도 깨닫지 못한다면 그들의 미래는 소망이 없다. 선을 악으로 갚고, 사랑을 미움으로 갚는 것은 가장 사악한 죄이기 때문이다.

나는 말로만 듣던 공산당의 속성을 이제야 알게 되었다. 너무도 파렴치하고 악한 무리들이라는 것을 뼈저리게 느꼈다. 공산당의 무자비함은 악하기 그지없었다. 계급적 원수라고 판단되면 그 대상이 누구든 혁명의 이름으로 무자비하게 죽인다.

그래서 스탈린은 2,000만 명을 혁명의 이름으로 숙청했고, 중공에서는 수백만에 달하는 죄 없는 사람들이 문화대혁명의 이름으로 숙청당했다. 동유럽에서 혁명의 이름으로 죽어간 사람들은 그 수를 헤아리기 어렵다. 그렇게 공산당은 지난 70년간 지구의 3분의 1을 숙청의 피로 물들였다.

하지만 30년 전부터 공산당은 점차 사라지거나 변질, 수정되었다. 그런데 오직 북한 공산당만이 아직도 "공산주의는 청춘"이라고 외치고 있다.

대부분의 북한 주민들은 그 땅에서 태어난 죄밖에 없지만, 소수의 북한 권력 집단은 공산사상에다 주체사상과 김일성 부자를 우상화하는 죄까지 더하며 수많은 백성들을 괴롭히고 있다.

반동분자들을 도운 죄

'반동분자'는 대부분 탈북자들을 말한다. 북한에서는 자기가 살던 고향을 떠나는 것을 '반동'이라고 한다. 북한에 처음 갔을 때 본 영화가 그 사실을 잘 보여준다.

〈백도라지〉라는 영화였는데, 어느 지방에서 일하던 청년이 시골에 처박혀 일하는 것이 싫어서 고향을 등지고 도시로 떠난다.

그리고 스스로 반동분자라는 죄책감에 시달리며 살아간다.

　세월이 흐른 후에 그는 뉘우치고 고향에 돌아왔으나 그가 사랑했던 연인이 그를 반동분자라며 증오하고 있었다. 우리로서는 도저히 이해가 가지 않는 설정이다. 그러나 집단의식이 강한 북한에서는 고향을 떠나면 무조건 반동분자가 된다.

　나는 김일성이 사망하던 해인 1994년부터 북한을 위해 기도하며 조금씩 돕다가 1997년부터 본격적으로 탈북 동포들을 도왔다. 1996년부터 시작된 고난의 행군(김일성 사망과 뒤이은 자연재해 및 경제난 심화 등에 따른 체제위기를 극복하기 위해 만들어낸 대중 노력동원 캠페인) 때문이었다.

　나는 고난의 행군이 얼마나 극심한가를 중국에서 보았다. 뼈만 남은 이북 사람들이 수도 없이 두만강을 넘어 먹을 것을 구하러 중국에 왔다. 그래서 우리 교회는 급히 그들을 돕는 구제 사역을 시작했다. 교회에서 파송한 선교사들이 중국 연길에 살면서 탈북한 400가정을 도왔다.

　그들에게 땅집(아파트가 아닌 허술한 집)을 얻어주고, 양식을 구해주고, 연탄을 사다주고, 옷과 이불을 주고, 아픈 사람들을 병원에 데려가 치료해주고, 각종 약을 가져다가 치료해주었다.

　처음에는 중국에서도 큰 제재가 없었다. 너무 불쌍하니까 내버려두었던 것이다. 나는 두만강 가까이에 예배당을 짓고는 빨간 십자가를 보고 찾아오는 북한 주민들에게 먹을 것을 주고, 양식을 사라고 돈을 주어서 돌려보냈다.

탈북을 결심하고 넘어온 사람들에게는 중국의 과수원을 빌려서 일자리를 주고, 정착할 수 있도록 보호해주며, 먹을 것을 주었다. 그들이 얼마나 불쌍했던지, 함께 섬기러 갔던 교인들이 울면서 사랑으로 돌봐주었다. 그러나 우리는 탈북을 조장하거나 선동한 적은 한 번도 없었다.

동상에 걸려 양발을 자르는 이들을 볼 때는 가슴이 미어지는 것 같았다. 옴에 걸린 아이들이 많이 넘어왔는데 약이 없어서 몸속까지 곪아있었다. 갖가지 병에 걸린 이들도 많았다. 그래서 급한 대로 도문, 연길에 있는 병원에 데리고 갔다.

그렇게 4-5년이 지나는 동안 북한에서는 고난의 행군을 넘어, 고난의 강행군이 계속되었다. 300만 명 이상이 소리 없이 곪어 죽어갔다. 배고파 넘어온 이들을 도운 것이 왜 죄가 되는가? 그들은 분명히 식량 난민이었다. 그래서 수많은 크리스천과 뜻있는 사람들이 그들을 도왔다.

그러던 중 북한 관리들이 우리에게 이런 제안을 했다.

"우리나라에 들어와서 도와줄 수 없겠습니까? 양로원 명예원장을 맡아서 도와주세요."

그래서 나는 1997년부터 북한 땅을 밟게 되었다. 1998년부터는 우리 교회 평신도 선교사들이 북한에 들어가서 양로원과 탁아소를 짓고 양식을 지원했다. 우리는 탈북자를 계속해서 도왔지만 북한 사람들이 더 이상 탈북하지 않도록 그 안에서도 도왔다.

그러는 가운데 세월이 많이 흘러 남한 땅까지 목숨 걸고 찾아온 탈북자가 30,000명이 넘었다. 갑자기 많아진 탈북자들이 한국 땅에 정착하는 과정에서 문제가 생기기 시작했다.

자존심이 상한 그들은 또다시 자기들의 가나안을 찾아 영국으로, 호주로, 독일로, 캐나다로 떠났다. 그러면서 2,000명이 넘는 사람들이 캐나다로 밀려들었다. 그 중 150명 정도가 우리 교회의 소문을 듣고 찾아왔다. 나는 교우들에게 간절히 호소했다.

"하나님께서 이 분들을 사랑하셔서 캐나다까지 보내주셨습니다. 어쩌면 통일 이후의 교회 모습을 미리 보시려고 시험적으로 보내주신 분들일지 모릅니다. 한 목장(구역)에서 한 가정씩 맡아 따뜻하게 대해주고 주의 사랑으로 돌봐주십시오."

성도들은 최선을 다했다. 어떤 형제는 어려움을 겪으면서도 그들에게 일자리를 만들어주었다. 회사에 보증을 서서 취직시켜주었고, 사업하는 것을 도와주었다. 나도 탈북 동포 한 가정과 6년을 함께 살았다. 어려운 일이 많았으나 많은 분들이 묵묵히 그들을 도왔다. 그러는 사이 아름답게 회복되어 가는 북한 형제들의 모습을 볼 수 있었다. 얼마나 감사했는지 모른다.

10년이 훌쩍 흘렀다. 그들은 부지런하고 성실했다. 시간이 가면서 영주권을 받고, 차도 사고, 집도 샀다. 그들의 자녀들은 영어를 자유롭게 구사하게 되어 대학에도 진학했다.

이것이 통일 이후의 모습이라면, 10년만 북한 형제들을 열심히 도우면 남한과 경제적으로 비슷한 수준이 될 것이라는 확증을 받았다.

독일은 1990년에 통일된 이후 30년이 걸려서야 동독과 서독이 비슷한 수준이 되었다. 하지만 우리나라는 땅도 작고, 인터넷 광케이블이 전국에 깔려있다. 더욱이 북한 사람들은 부지런하고 머리도 우수하기에 잘 도와주면 10년이면 회복될 것이라 생각된다. 남한의 5,000만 동포와 800만 해외 동포가 전심으로 우리의 골육들을 돕고자 마음먹는다면 얼마든지 가능한 일이다.

그런데 이렇게 탈북자들을 도운 것이 북한에서는 '반동들을 도운 역적 죄'라는 것이다. 나도 몰랐는데 우리 교회에 출석하던 이북의 청년 하나가 북한으로 돌아가서 교회 실상을 다 보고하여 그 정보를 들은 것이었다.

자기 백성들을 국제 거지로 만들어 온 세상을 헤매게 만들어놓고서 그들을 도와준다며 나를 반동을 돕는 역적으로 몰아간 것이다.

북한 대사에게 복음을 전한 죄

북한에 처음 갔을 때, 뉴욕에 있는 유엔 주재 북한 대사관의 도움을 많이 받았다. 유엔 대표부에는 대략 16-19명의 북한 직원들이 주재하고 있었다.

우리는 그들에게도 북한 동포들에게 베풀었던 사랑을 똑같이 나누었다. 그들을 진심으로 돕고 싶었다. 그래서 한국 식품 상품권을 가정마다 나누어주고, 날이 추워지면 겨울옷을 사이즈별로 나누어주었다.

가장 돈이 많이 들어간 것은 그들의 의료보험이었다. 미국에서는 의료보험이 없으면 병이 들어도 속수무책이다. 대사의 부탁을 받고 그들의 의료보험 문제를 해결해주었다.

가장 저렴한 의료보험이 1년에 15만 달러였다. 나는 독지가들에게 어렵게 부탁해서 그들의 보험을 들어주었다. 사실 부담스런 부탁이지만 동족애 때문에 모른 척할 수가 없었다.

그런데 재판하는 과정에서 이것을 문제 삼았다. 그들은 내가 수십만 달러의 뇌물(의료보험)을 바쳐서 유엔 외교부 직원들을 변질시켰다는 주장을 늘어놓았다.

2006년경 캐나다를 방문한 북한 대사와 함께 나이아가라 폭포 구경을 간 적이 있었다. 그때 김준곤 목사님과 차를 타고 가면서 그를 전도했는데, 그것을 어찌 알았는지 은퇴한 대사까지 불러 조사했다. 아마 당시 함께했던 1등 서기관이 고발한 것 같았다. 그렇지 않다면 김 목사님이나 내가 했던 설교를 통해 정보를 입수했을 것이다.

그들은 이런 내용을 전부 적어가지고 와서 기자회견을 한다며 외워서 읽으라고 했다. 그들의 말을 들으면 나를 곧 풀어줄 것처럼 유혹하다가 결국 내린 것은 '사형 선고'였다.

캐나다 정부에 탈북자 신분 문제를 부탁한 건 국제적인 구걸 죄

북한 탈북자들은 목숨 걸고 두만강, 압록강을 건너와 중국 땅에 숨어 지내다가 몽골로, 베트남으로, 태국으로 숨죽여 긴 여정을 떠난다. 국경 수비대에 걸려 감옥에 갇히거나 중국 공안에 걸려 북송되는 이들도 부지기수다.

그들 중에서 한국으로 넘어오는 데 성공한 수가 32,000명에 불과하다. 그런데 대다수의 탈북자들이 남한 땅에도 적응을 하지 못한다. 남한 사람들의 차별의식 때문이다.

그들은 꿈같은 기대를 하면서 그리 힘든 결정을 하고, 길고 긴 역경의 길을 거쳐 찾아온 사랑하는 골육이요 혈육, 형제이다. 그런데 그들은 동족에게 수모를 당하다가 희망이 안 보이니까 또다시 외국행을 결심한다. 그래서 영국, 호주, 독일, 캐나다로 제2, 제3의 탈출을 시도한다.

결국 그들은 정처 없이 떠도는 신세가 되었다. 그들에게 가장 시급한 것이 신분이 안정되고 인종 차별이 없는 곳에서 사는 것이었다. 캐나다로 온 탈북자들도 예외가 아니었다. 사는 것이 너무 불안했다. 그래서 마음에 평안이 없었다. 그런 그들이 너무 안쓰러워 캐나다 정부의 문을 두드렸다.

다행히 남한 출신 하원 의원도 있고, 시의원, 변호사도 있어서 함께 그들을 도울 방법을 모색했다. 목회자들이 앞장서서 탈북자 신분 문제 해결을 위해 오타와를 찾았다.

캐나다 정부의 착한 관리들은 우리 목소리를 듣고 탈북자의 신

분 문제를 해결해주었다. 난민 신청을 받아주고, 여러 심사 과정을 통해 수백 명에게 영주권도 주었다. 얼마나 고맙고 감사한지!

그런데 정작 그런 것을 보며 욕하는 사람들이 북한 정권이다. 반동분자들을 돕기 위해 남의 나라 관리들에게 구걸하러 다닌 것이 죄라는 것이다.

그들이 내게 "반동의 자식들이 뭐가 고와서 그렇게 구걸하러 다녔냐"고 얼마나 소리를 지르던지 내 마음이 너무 상하고 아팠다. 오히려 자기들이 미안해하고, 고마워해야 할 일인데 모든 것을 아전인수 식으로만 생각하고 있었다.

사형을 언도받다

조사 과정에서 가장 인상이 나쁜 사람은 나를 재판한 검사였다. 그는 재판 직전에 구치소로 찾아와 10분 정도 나를 취조했다. 그리고 내 말은 제대로 듣지도 않은 채 내 죄목을 만들어내고 형벌을 정했다.

사람을 무시하는 표정이 얼굴에 역력했다. 악만 남은 사람 같았고, 인정이라고는 조금도 찾아볼 수 없었다. 그런데 재판정에도 그런 인물이 나를 기다리고 있었다.

나는 재판 날을 잊을 수 없다. 변론하는 시간에 내 변호사라는 사람이 자리에서 일어나더니 느닷없이 나를 야단쳤다. 마치 검사처럼. '이런 법정도 있나…' 싶었다. 사실 북한에는 변호사라는 개념 자체가 없다. 그는 자기 생각이나 의지, 나를 변호할 만한 힘이 없어 보였다.

그 후 등장한 두 증인은 내가 아는 사람들이었다. 그들은 말도 안 되는 증언을 했다. 아마도 억지로 붙잡혀 왔을 것이다. 나는 모든 과정을 얼마든지 반박할 수 있었다. 그러나 스스로 변호한들 누가 들어주겠는가. 너무 한심해서 침묵하고 말았다. 그러자 곧이어 검사가 '사형'을 언도했다.

처음에는 내 귀를 의심했다.

'내가 무슨 사형당할 만한 죄를 지었단 말인가? 도대체 내가 지었다는 죄가 하나라도 정당한 것이 있는가?'

그들은 내가 죽으면 모든 것이 가려질 것이라고 생각했을 것이다. 처음에는 사형을 선고했으나 당시 북한 인권 문제가 온 세상의 지탄을 받고 있던 터라 외국인 신분인 나를 죽일 수 없다고 판단했는지 평생 감옥에서 살아야 하는 '무기 노동 교화형'(종신 강제 노동형) 판결을 다시 내렸다.

어쨌든 나를 죽이려는 의도는 분명했다. 대다수의 북한 주민들은 나 같은 죄명으로 강제 노동 교화소에 들어가면 대부분 1,2년을 못 버티고 죽는다고 했다. 나는 선을 악으로 갚는다는 말이 정말 실감났다. '세상에 이런 일도 있구나' 싶어 기가 막혔지만, 그것은 꿈이 아닌 엄연한 현실이었다.

외국인 신분인 나를 죽일 수 없다고 판단했는지
평생 감옥에서 살아야 하는
'무기 노동 교화형' 판결을 다시 내렸다.

왜 손해 보는 짓을 하는가?

악인은 바람에 나는 겨와 같은 신세가 된다. 언제나 자기 꾀로
자기 함정을 파고 거기 빠지는 법이다. 탈북하여 남한으로 망명
한 태영호 공사 한 사람의 영향력이 얼마나 큰가? 황장엽 씨의 망
명도 엄청난 파급효과를 가져오지 않았는가? 북한에 억류되었다
가 나온 사람들이 얼마나 많은가? 탈북자들의 목소리는 전 세계
인들을 얼마나 울리는가?

　나는 감옥에 있을 때 하나님께서 주신 시편 말씀을 언제나 마
음속에 간직하고 있다.

　은총의 표적을 내게 보이소서
　그러면 나를 미워하는 그들이 보고 부끄러워하오리니
　여호와여 주는 나를 돕고 위로하시는 이시니이다
　시 86:17

　하나님의 호의(favor)를 입은 사람은 아무도 당해낼 수 없다.
그것은 달걀로 바위를 깨려는 것처럼 어리석은 짓이다. '나'라는
존재는 아무것도 아니지만 내가 믿는 하나님이 계시기에 그 많은
고난이 지금 엄청난 축복이 되어 내게 돌아왔다. 고난은 축복의
지름길이 되었다. 또한 복음의 진보가 되었다. 그것은 분명 변장
된 축복이었다.

나는 하나님의 은혜와 보호하심으로 죽지 않았다. 오히려 강한 그리스도의 군사가 되었고, '목숨을 걸고 주님을 섬길 수 있겠다'고 생각할 정도로 믿음이 성장했다.

감옥 안에 있으면서 내 속에 있던 죄성이 죽고, 주님의 거룩함을 조금씩 닮아갔다. 최악의 상황에서도 감사할 수 있는 감사의 영성이 자라나 기쁨과 의와 평강이 마음에 넘쳤다.

나는 주님이 다시 주시는 꿈으로 비저너리(visionary)가 되었고, 주님의 교회를 깨우면서 세워가는 주님의 일꾼이 되었다. 전도와 선교의 일꾼으로 남은 생애를 온전히 바치겠다는 헌신도 하게 되었다. 나는 타다 남은 막대기 같은 존재였으나 자비로우신 주님이 나 같은 자도 추수 날에 부지깽이로 사용하신다.

그들은 내가 여기저기 다니면서 북한을 무시하는 발언을 했다며 지난 20년 동안의 집회 시간을 합산해서 죄값을 만들어냈다. 그러나 내가 감옥에서 나온 후 다닌 집회는 그전보다 훨씬 많이, 훨씬 널리 전 세계로 전파되고 있다.

얼마나 큰 손해인가? 그들은 계산을 잘못한 것이다. 의로우신 하나님께서 내 억울함을 다 보상해주셨다. 그들이 다시는 그런 장난을 하지 않았으면 좋겠다. 사람의 목숨을 함부로 다루는 악한 짓을 그만두기 바란다.

그들이 악을 버리고 회개하고 돌아오면 얼마나 좋을까? 나는 그 누구도 용서할 마음이 있다. 이미 다 용서했다. 그리고 용서할 것이다. 그들이 몰라서 그런 짓을 했기 때문이다.

나는 앞으로 인생길에서 행하실 하나님의 역사를 더욱 기대한다. 내가 하나님의 뜻에 순종한다면 주님께서는 내가 알지 못하는 크고 비밀한 계획 가운데 놀라운 역사를 일으키실 것이라고 믿기 때문이다.

죽음의 고비를 세 번 넘기다

나는 평양 비행장을 출발한 후 오토 웜비어(2016년 1월에 북한에 억류되었던 미국인으로, 2017년 6월에 석방)가 죽었다는 소식을 들었다. 너무 마음이 아팠다. 생각해보니 나도 세 번이나 죽음의 고비를 넘겼다.

첫 번째 고비는 북한에 억류된 지 얼마 지나지 않아서였다. 십이지장이 꼬여서 통증으로 방안을 데굴데굴 굴렀다. 그런 와중에 집요하고도 험악한 조사가 계속되었다. 협박과 공갈, 집요한 추궁이 이어졌고, 자기들 뜻대로 조사가 풀리지 않으면 소리를 질렀다. 어떤 때는 심한 욕을 하기도 했다.

"법이 너를 보호해주는 줄로 알아. 내 맘대로 하라고 하면 너를 곡사포로 쏴 죽이고 싶다."

그들은 내게 한국 국정원과 어떤 관계인지 말하라며 협박했다. 나는 국정원 근처에도 가본 적이 없고, 아는 사람도 없었다.

그다음에는 미국 CIA와 어떤 관계가 있는지 물었다. 너무 황당해서 할 말이 없었다.

그래도 그들은 집요하게 캐물었다. 아는 미국 사람들 이름을 적으라고 해서 할 수 없이 아는 목사님들의 이름을 적었다. 그러나 아무 의미 없는 짓이었다. 그들은 내가 분명히 한국이나 미국 정보부와 관련이 있다고 생각한 것 같다. 그런데 어떤 단서도 잡을 수 없으니 계속 소리만 질러댔다.

이런 시간이 1개월가량 흘렀다. 그들도 나중에는 포기하는 듯했다. 그러나 그들에게 시달리다 보니 내 몸에 이상이 왔다. 내가 고통을 견디지 못해 괴로워하니까 병원으로 데려가서 위내시경 검사를 시켰다. 어두운 병실에서 두꺼운 호스를 대충 씻더니 내 입 속으로 밀어 넣는데, 얼마나 놀랐는지 모른다. 병원에서는 십이지장이 꼬여서 잘라내야 할지도 모른다며 일단 약을 주었다.

숙소에 돌아온 나는 수술하는 일이 없게 해달라고 간구했다. 다행히 하나님의 은혜로 수술까지 가지는 않았다. 그들도 당황했는지 어린 간호사에게 나를 돌보게 했고, 날마다 혈압을 체크하게 했다. 착한 간호사가 내 마음을 편하게 해주자 점차 속이 안정되었다. 그때 스트레스가 얼마나 몸을 망가뜨릴 수 있는지 절실히 느꼈다.

두 번째는 감옥 안에서였다. 유난히 추운 겨울밤에 잠을 자는데 갑자기 보안원이 나를 깨웠다. 정신이 혼미한 상태에서 일어나 보니 내가 가스에 중독되었다고 했다(감옥은 석탄을 때서 난방을 했다).

보안원들은 급히 나를 데리고 밖으로 나왔다. 덕분에 그렇게 먹고 싶었던 김치 국물을 얻어먹었다. 그들은 내가 죽을까 봐 전전긍긍하는데 나는 김치 국물에 더 관심이 있었다.

그날부터 1개월 동안은 보안원들이 나를 한 시간마다 깨웠다. 그것밖에는 내 생사를 확인할 방법이 없었기 때문이다.

그리고 몇 주 동안 감옥을 샅샅이 살펴 틈이 난 곳을 시멘트로 막는 노동을 했다. 지루하기는 해도 밖에 나가 땅을 파는 것보다는 훨씬 나았다. 완전히 해결은 안 됐지만 노력한 결과, 감옥 내 가스 유출을 어느 정도 막을 수 있었다.

세 번째는 계속된 설사였다. 어느 날 갑자기 설사를 시작하더니 이틀 동안 29번이나 했다. 도저히 일을 할 수 없을 정도였다. 그래도 일을 해야만 했다. 너무 인정이 없다고 생각했지만 감옥은 인정을 바랄 수 있는 곳이 아니었다.

그렇게 시작된 설사는 3개월간 계속되었다. 의사에게 진찰도 받고 링거도 맞았지만 효과가 없었다. 그렇게 3개월쯤 지나자 교화소 소장이 찾아왔다.

나는 큰마음을 먹고 내 마음에 있던 얘기를 털어놓았다. 당시 근무 중에 나를 몹시 괴롭히는 몇몇 보안원이 있었다. 그들은 아무 이유 없이 소리치고 욕하면서 나를 매우 괴롭혔다.

'사람이 어쩌면 저렇게 악할 수 있을까'라는 생각이 들었지만 저항할 방법이 없었다.

아무리 조심하고 노력해도 소용이 없었다. 그들은 미움의 영으로 꽉 차 있는 것 같았다. 온갖 스트레스를 내게 푸는 듯했다. 그로 인해 내 몸이 망가지고 있다는 생각이 들어서 소장에게 이야기를 했다. 다행히도 그는 내 말을 잠잠히 들어주었다. 그리고 다음 날 아침에 다시 찾아와 말했다.

"오늘부터는 그들이 당신 보초를 서지 않을 것이오."

나는 얼마나 감사했는지 모른다. 한순간에 마음의 평화가 찾아왔다. 그리고 그 말을 들은 순간부터 거짓말같이 설사가 딱 멎더니 아무 일도 없었던 것처럼 몸이 정상이 되었다.

그때 인간관계의 갈등에서 오는 스트레스가 얼마나 무서운지 깨닫게 되었다. 관계라는 것이 얼마나 중요한가! 근본적으로는 하나님과의 관계가 잘못된 것이 죄와 죽음을 가져왔고, 그다음에는 인간관계의 갈등이 가장 심각한 문제가 된다.

그래서 성경은 "할 수 있거든 너희로서는 모든 사람과 더불어 화목하라"(롬 12:18)라고 말씀하신다. 예수 그리스도는 화목의 제물로 자기 자신을 하나님께 드리셨다.

온전한 사람을 살피고 정직한 자를 볼지어다
모든 화평한 자의 미래는 평안이로다

시 37:37

마음의 고통은 자기가 알고
마음의 즐거움은 타인이 참여하지 못하느니라

잠 14:10

나는 마음의 평안과 즐거움이 얼마나 중요한지를 뼈저리게 배
웠다. 관계가 망가지면 마음이 망가지고, 그러면 육체도 견디지
못하고 무너진다.

나는 믿음으로 버텼고, 축복했고, 기도했음에도 너무나 힘들
었다. 그렇다면 하나님을 모르거나 믿음이 없는 자들은 얼마나
힘들겠는가. 그래서 믿음을 주신 하나님께 감사드린다. 믿음은
확실히 역사를 일으킨다. 사랑의 수고와 믿음의 역사와 소망의
인내는 가장 강력한 무기이다.

두 명의 교화소 소장

감옥에서 지내는 동안 두 명의 소장을 겪었다. 둘 다 나이가 좀
든 사람들이었다. 첫 소장은 인상이 선하고 너그러웠다. 그래서
무엇이든 그에게 말할 수 있었다.

그는 내가 춥다고 하니까 자기가 쓰던 모자를 갖다 주었다가
간수들에게 비판을 받기도 했다. 그런 그도 별 수 없이 일은 엄
하게 시켰다. 처음에는 봄에 나무를 심도록 구덩이를 파라고 했

다. 나는 힘들었지만 과수원을 만든다는 꿈을 가지고 열심히 땅을 팠다.

그런데 봄이 되니까 다시 흙으로 구덩이를 채우라고 하고, 다음 해에는 또다시 구덩이를 파라고 했다. 그도 별다른 아이디어가 없는 모양이었다. 그런 식으로 3년 동안 같은 일을 반복했고, 같은 농사일을 했다.

두 번째 소장은 함께 노동하는 스타일이었다. 첫 소장처럼 마음이 넓지 않았고 말은 더 많았다. 함께 풀을 뽑으면서 이런저런 말을 하는데 틀린 말은 없었다. 그러나 마음이 편한 대상은 아니었다.

밖에서 비누를 보내줘도 내게 주지 않았고, 심지어 혈압약도 주지 않았다. 왜 안 주냐고 했더니 "미국 놈들이 나노 기술로 독약을 넣어서 너를 서서히 죽이려고 한다. 그래 놓고 북한이 죽였다고 뒤집어씌울 것이다"라는 식으로 말했다.

그리고 내가 스웨덴 대사 면담 때 비누 문제를 이야기했다고 벌로 노동 강도를 높였고, 식사 때도 한 가지 반찬만 주었다. 반찬 없는 밥을 먹이는 것이 벌이었다.

그 소장은 내 돈으로 산 물건도 끝내 주지 않았고, 집에서 돈을 세 번 보냈는데 그 중 한 번만 전해줬다. 석방되어 나올 때 비누는 돌려받았지만, 돈은 온 줄도 몰랐다. 나와 보니 대사관을 통해서 보내온 물건 중에 전해주지 않은 것들이 많았다. 특히 편지가 일부만 전달되었다. 무엇보다 교회 식구들이 정성스럽게 써서 보낸 글들을 받아보지 못한 것이 가장 속상했다.

그는 내가 감옥에 있는 동안 적은 약 1,300페이지 분량의 문건도 못 가져가게 했다. 그 글 가운데 북한을 비판하는 글은 하나도 없었는데, 김일성 수령에 대한 찬양의 글이 하나도 없다는 이유에서였다.

그러나 그 정도라도 고맙게 생각한다. 그가 신체적인 폭력을 가하지는 않았기 때문이다. 내가 외국인이기에 고문은 하지 말라는 지시가 있었던 것 같다.

진.충.분.파. 원리

겨울에 꽁꽁 얼어붙은 진흙 산을 깨서 구덩이를 만드는 일은 생각보다 훨씬 힘들다. 땅이 얼마나 단단하게 얼어붙었는지 곡괭이로 아무리 두들겨도 끄떡하지 않는다. 어떤 때는 한 조각도 깨지지 않아 낙심이 되기도 했다.

그런 땅을 지름 1미터, 깊이 1미터씩 파라고 했다. 힘들다고 울 수도 없는 처지라 할 수 없이 깨기 시작했다. 처음에는 며칠 걸려야 겨우 한 구덩이를 팔 수 있었다.

땅이 너무 단단해서 도저히 못 팔 것 같은데, 열심히 하다 보면 조금씩 파였다. 그것을 곰곰이 생각하다 네 가지 원리, 즉 "진.충.분.파."(진동, 충격, 분리, 파쇄)를 발견했다.

처음에는 아무리 곡괭이로 땅을 내리쳐도 표시가 나지 않았다. 그러나 반복하니 금이 가고, 더 내리치니 작은 조각들이 깨져 나왔다. 그걸 보면서 눈에는 안 보이지만 진동이 땅을 깨뜨린다는 것을 알게 되었다. 계속 땅을 내리치다 보면 어느 순간 분리현상이 나타나 금이 생긴다. 그다음에는 쉽게 조각들이, 어떤 때는 덩어리들이 떨어져 나온다. 파쇄가 된 것이다.

그런데 땅을 한없이 파면서 북한 주민들 특히 골수분자(骨髓分子)들의 마음 상태가 이와 같을 것이라는 생각이 들었다. 얼어붙을 대로 얼어붙은 영적인 상태가 똑같았다.

지구상의 어떤 민족보다도 더 강퍅한 그들의 마음 상태가 느껴졌다. 거의 미전도 종족과 마찬가지로 복음이 들어갈 여백이라곤 찾아볼 수 없었다. 무신론과 진화론밖엔 배운 것이 없기 때문이었다. 교회와 하나님에 대해서는 나쁜 의식만 들어있었다.

그래서 아무리 전도를 해도 먹혀 들어가지 않는다. 온통 김일성밖에는 배운 것이 없기에 완전히 우물 안의 개구리로 산다. 그들은 '인간이 주인'이라고 배운다. 인간이 하나님인 셈이다. 그래서 주체사상은 인간교(人間敎)라고 할 수 있다.

그런데 동토(凍土)가 진.충.분.파. 원리로 깨져 나가듯이 얼어붙은 북한 주민들의 마음에도 동일한 원리가 작용하는 것을 보았다.

조사받던 수개월간 그들은 나를 심리적으로 많이 괴롭혔다. 말도 안 되는 소리로 협박하고 자백을 강요하며 집요하게 캐물었다. 나중에는 내게 소리를 지르며 가혹한 곳으로 보내야 정신을 차리겠느냐고 했다. 그리고 실제로 방을 한 번 옮기기도 했다.

어떤 조사관은 내 앞에서 울기도 했다. 김일성 얘기가 나올 때마다 "어떻게 위대한 수령을 모독할 수 있느냐"며 소리쳤다. 그런데 어느 날 그가 내게 말했다.

"설교를 왜 그렇게도 오래 하는가? 내가 시간을 재어보니 3시간 25분을 하더군."

내가 미국의 어느 단체에서 했던 강의를 입수해서 들은 것이었다. 그는 보고를 위해 비디오를 처음부터 끝까지 다 들을 수밖에 없었다. 듣고 또 들으며 자료를 만들었다. 심지어 내 설교를 인터넷으로 샅샅이 검색해서 들었다. 교회 홈페이지에서 5년 치 설교를 다 읽었다고 했다.

그런데 정말 놀랍게도 그의 태도가 변하기 시작했다. 욕하고 소리치던 사람이 친절해졌다. 그들만 사용하는 목욕탕으로 나를 데리고 가서 때를 밀어주기도 했다.

그와 일하던 젊은 실장은 어릴 적에 파견근무를 나간 할아버지를 따라 아프리카에 다녀왔다고 했다. 그는 대학에서 영어를 전공했다. 그래서인지 나와 통하는 것이 많았다. 성격도 좋아서 북한 사람 같지 않았다. 그럼에도 김일성 얘기만 나오면 엄숙해지며 무서운 어투로 말했다.

하루는 그가 내게 과자를 몇 봉지 사다주면서 먹고 싶은 것이 있느냐고 물었다. 그래서 동태식혜가 맛있더라고 했더니 며칠 후에 부인에게 부탁해서 만들어 왔다. 그러면서 얼마 후면 석방될 것 같다는 말도 해주었다. 석방되면 자기들을 잊지 말라는 농담도 건넸다(그때까지만 해도 재판이 진행되기 전이라 그들도 내가 종신형을 받을 줄은 전혀 예측하지 못했던 것이다).

이런 일이 여러 번 일어났다. 그들은 내게 이렇게 말했다.

"이번 일만 아니라면 당신을 내 친구 삼고 싶다."

나는 그 말을 들으면서 하나님께 영광을 돌렸다. 하나님의 말씀은 살았고 운동력이 있었다. 그들이 설교를 몇 개월 동안이나 들으니 변하지 않을 수가 없었던 것이다.

"빛의 열매는 모든 착함과 의로움과 진실함에 있느니라"(엡 5:9)는 말씀처럼 빛의 열매가 나타났다. 말씀의 진동과 충격이 그들을 변화시켰다. 그들에게 금이 간 것이 보였고, 복음도 전할 수 있었다.

옥중 상담

감옥 안에 들어가던 밤을 생각하면 여전히 무섭고 소름이 끼친다. 내 머리를 치면서 땅을 바라보라고 소리치던 보위원들, 완전히 죄인 취급을 하던 사람들을 생각하면 예수께서 당하신 수치가 떠오른다.

그렇게 시작된 949일의 독방생활은 매우 힘들었지만 그래도 시간이 지나면서 조금씩 익숙해졌다. 40명이 넘는 간수들이 나를 지켰기 때문에 어떤 간수는 며칠이 지나야 한 번 보았고, 또 어떤 간수는 매일 당번인 경우도 있었다.

그들 가운데는 정말 악한 사람도 있었고, 자기 임무 외에 다른 데는 신경 쓰지 않는 사람도 있었고, 잔소리를 많이 하는 사람도 있었다. 또 말을 못하게 되어있는 규칙을 어기고 내게 이것저것 물어보는 사람도 있고, 내게 관심을 갖고 인격적으로 대해주는 사람도 있었다.

어느 날 간수들 몇 명이 자기 가족 얘기를 해주었다. 그들은 대개 기혼이었고, 자식은 하나뿐이었다. 모든 사람들이 그렇듯이 그들에게도 자식이 최고의 관심사였다.

그 중 한 사람이 아들이 사춘기라 자기에게 반항하고 무시하고 말도 안 한다면서 고충을 털어놓았다. 어떻게 해야 좋을지 모르겠다며 답답해했다. 그래서 나는 사춘기 자녀와 함께 지내는 법, 어린 자녀를 바르게 양육하는 법에 대해 말해주었다. 그들이 내 말을 귀담아 듣는 것이 놀라웠다. 하나님께서 그들의 마음을 열어주신 듯했다.

나는 사춘기 자녀를 둔 아버지에게 "자녀들에게는 눈길, 손길, 집중적인 관심이 가장 필요하다"라고 얘기해주었다. 그들이 관심을 갖고 잘 듣기에 예를 들면서 자세히 알려주었다. 내 얘기를 다 들은 간수가 질문했다.

"눈길, 손길, 그다음은 뭐지요?"

나는 질문하는 간수가 너무 좋았다. 그의 마음이 순수했다. 그래서 친절하게 더 얘기해주었다. 며칠 후에 그가 집에 다녀온다고 했다. 간수들의 집은 대부분 평양에 있기에, 한 달에 한두 번 정도 통근차를 타고 다녀온다고 했다.

집에 다녀온 그의 얼굴이 밝았다. 도무지 말 안 듣던 아들에게 내가 가르쳐준 대로 했더니 아이가 고분고분해지고 자기에 대한 태도가 달라지더니 대화를 하기 시작했다는 것이다.

그래서 그다음 단계를 또 가르쳐주었다. 그러는 사이 나와 그는 상담자와 내담자의 관계가 되었다. 그러자 그의 마음이 열려 복음까지도 말할 수 있었다. 이것은 기적이었다.

나는 다시 진.충.분.파. 원리를 생각했다. 복음으로 진동과 충격을 받으면 반드시 금이 가고, 사단의 진이 파쇄된다. 이런 식으로 몇 명의 간수들에게 복음을 나눌 수 있었다.

일반 은총에 속한 좋은 사람들

우리가 살아가면서 만나는 사람들 가운데는 분명히 좋은 사람들이 있다. 사실 '좋은 사람'이라는 말은 상대적인 개념이다. 모든 사람이 하나님 앞에서는 죄인이지만 사람들 앞에서는 착한 사람, 보통 사람, 좋은 사람, 악한 사람, 선한 사람 등 여러 부류로 나뉜다. 그 중 북한에서 내가 만난 좋은 사람들 얘기를 하려고 한다.

감옥에 들어가기 전, 구치소에서 조사 받을 때 너무도 힘든 시간을 보냈다. 계속되는 공갈과 협박 속에서 엄청난 스트레스를 받았다. 그런데 처음으로 착한 사람이 나를 찾아왔다. 나를 지키기 위해서 파송 받은 듯한 그는 영양실조에 걸린 듯 바짝 마른 모습이었다. 힘도 없고 처량해 보이기까지 했다.

그는 우간다에 파견된 의료팀과 함께 지내면서 통역을 하던 통역관으로, 그곳에서 수년을 지내는 가운데 큰 교통사고를 당해 피를 다 쏟고 죽음의 고비를 넘어 겨우 살았다고 했다.

그가 고생한 얘기를 들으면서 너무 마음이 아프고 안쓰러웠다. 그는 가족 이야기도 들려주었다. 군대 간 아들과 대학생 아들, 아파트 문지기로 일하는 부인이 있다고 했다. 나중에는 그의 부인이 남편이 집에 다니러 갈 때마다 콩을 볶아서 내게 보내주었다. 그 볶은 콩이 얼마나 맛있었는지 모른다.

그는 나보다 두 살 위였다. 너무 착해서 형, 동생으로 지내자고 했더니 나를 동생처럼 지극한 정성으로 보살펴주었다. 대체로 외국에서 살다 온 북한 관리들은 내게 아무런 오해도, 나쁜 감정도 없었다. 오히려 자기들의 행동이 잘못되었다고 느끼는 듯한 태도를 보여주었다. 그도 마찬가지였다.

그는 자기가 쓰던 영영사전도 가져다주었다. 일본에서 만든 사전인데 얼마나 많은 도움이 되었는지 모른다. 그 한 권의 사전 때문에 그는 잊을 수 없는 은인이 되었다.

그는 매일 새벽마다 내 혈압을 재주고, 바깥 산책도 시켜주었다. 그와는 많은 이야기를 숨김없이 나눌 수 있었다. 내게는 감독자가 아니라 부담 없는 친구였다. 그는 내게 인간적인 정이 넘치는 대우를 해주었다. 그래서 나는 가끔 그곳이 구치소라는 것을 잊을 수 있었다.

목욕도 몇 번 같이 하며 서로 때를 밀어주기도 했다. 그는 우간다에서 의료봉사팀으로 일하던 시절을 소상히 얘기해주었다. 북한 의사들이 아프리카에 많이 나가는 것도 그때 알았다.

그는 10년간 군대생활할 때가 가장 재미있었다고 했다. 북한에서는 군대 복무 기간이 10년 이상 되기에 서로 잘 지내는 것 같았다. 그야말로 전우애가 깊게 느껴졌다. 같은 민족끼리 적을 이루며 군대를 유지하는 것은 비극이지만, 고난 가운데 북한 군대는 더욱 똘똘 뭉치는 것 같았다.

관계가 좋아지면서 나는 신앙에 대한 그의 반응을 살펴보았다. 그는 하나님을 볼 수 없는데 어떻게 믿냐고, 하나님이 어디 있느냐고 했다. 유물론 교육을 받았기에 그렇게 묻는 것이 당연했다. 그러나 내가 변증학적으로 여러 가지 설명을 해주었더니 순순히 잘 들었다.

그렇게 그에게 간단히 복음을 전할 수 있었다. 우리는 만약 내가 석방되어 나가면 중국에서 만나기로 약속했다. 중국 연락처를 그에게 주어 외우게 했다. 나는 그를 진심으로 돕고 싶었다.

그는 몸이 너무 약해서 특정 약을 복용해야 하는데 약값이 비싸서 고민이라고 했다. 그래서 약은 걱정하지 말라고 말해주었다. 나는 중국을 통해 그의 약을 책임지고 지원해주기로 결심했다. 그는 너무나 가난해서 약값을 댈 수 없었고, 그래서 죽음을 두려워하는 것 같았다.

그런데 그렇게도 바라던 석방 이후 평양으로 가는 차 안에서 나는 청천벽력 같은 소식을 들었다. 그가 갑자기 세상을 떠났다는 비보였다. 병약하고 폐인처럼 보이는 외양을 가졌으나 속사람은 너무도 착하고 인정이 많았던 형 같은 친구를 마지막 말 한마디 못 듣고 보낼 수밖에 없었다.

나는 그를 진심으로 돕고 싶었는데 기회가 오지 않았다. 그가 내가 전한 복음을 믿고 마지막으로 예수님의 이름을 불렀기를 바랄 뿐이었다. 나는 그가 예수님을 믿었다면 북한 땅에서 모진 고생을 더 하기보다는 차라리 일찍 천국 가는 것이 더 큰 은혜였을 것이라고 스스로 위로했다.

또 한 사람은 젊은 남자였는데 성격이 약간 까다로웠지만 그래도 착한 면이 있었다. 그는 내게 많은 질문을 했다.

"기독교는 도대체 무엇인가? 십계명은 무엇인가? 성경은 어떤 책인가?"

그래서 그에게는 복음을 많이 전할 수 있었다. 비록 영접하지는 않았지만 그의 기억 속에 남을 만큼 전할 수 있었던 것이 기쁘다. 언젠가 통일이 되면 그도 반드시 예수님을 믿게 되리라 확신한다.

내가 구치소에 있을 때 조사 받는 죄수가 나밖에 없었다. 매일 조사관들이 드나들었고, 근무하는 직원들은 대략 7-8명 정도였다. 건물 관리와 시설 보호를 맡은 남자들, 음식을 만드는 여자들 서너 명이 당번만 남고 출퇴근하는 것 같았다.

그런데 감옥과 다른 것은 음식을 만드는 여자들이 직접 밥을 가져다주었다는 점이다. 그들은 대개 표정이 없고, 할 일만 했다. 그런데 유독 한 여자만은 아주 친절했다.

그녀는 별 것 아닌 재료로도 정성을 다해 맛있게 만들어주었다. 결혼한 지 얼마 안 된 것 같아 보였다. 또 인물도 출중하고 키도 컸으며 항상 표정이 밝았다.

대화를 많이 할 수는 없었지만 그녀는 언제나 겸손한 태도를 잃지 않았다. 어쩌다 내가 작은 텃밭에서 풀을 뽑으면 풀 뽑는 법을 친절히 가르쳐주곤 했다. 내가 심심할까 봐 자기 집의 DVD 플레이어와 소련 영화를 비롯해 많은 영화 디스켓도 가져다주었다. 나는 그 한 사람으로 인해 큰 위로를 받았다.

그들의 입장에서 보면 나는 '최고 존엄 모독 죄'로 조사 받고 있는 큰 죄인이었다. 그렇기에 그녀의 나에 대한 인격적인 대우는 파격적이었다.

유난히 친절하고 착한 그녀를 보면서 나를 조사하던 부장에게

"저 여자는 천사 같은 사람"이라고 말했더니 그도 동의하면서 그녀를 "백 천사"라고 부르기 시작했다. 그녀의 성이 백 씨였기 때문이다. 백 천사는 그곳에 있는 모든 사람에게 칭찬을 받았다.

착한 간수들

간수는 여러 이름으로 불렸다. 보안원, 간수, 선생님…. 그들은 내게 '선생님'으로 부르라고 강요했다. 아들보다 어린 간수들에게도 그렇게 불러야 했고, 절대 복종해야 했다.

감옥에는 50여 명의 간수들이 있었다. 40여 명은 권총을 차고 나를 지켰고, 10명 정도는 그곳에 살면서 관리하고, 농사짓고, 밥을 해주었다. 간수들 가운데는 나이가 든 사람도, 어린 청년도 있었다. 대부분은 군대를 제대한 뒤에 다시 훈련 받고 간수가 되었다고 한다.

그들이 감옥에서 근무하면서도 매일 아침마다 제식 훈련을 비롯해 여러 가지 훈련을 하는 것을 보았다. 완전히 군대의 연장이었다. 우리로 말하면 예비군이라 할 수 있다. 북한에서는 예비군을 '노동적위대'라고 부르는데 그들은 남한의 현역 못지않은 엄격한 훈련을 받는다. 어떤 간수는 자기가 특수부대 출신이라고 밝혔다. 오랜 시간 군에서 단련되어서인지 무서운 것, 못하는 것이 없어 보였다.

대부분의 간수들이 대학을 나와서인지 그렇게 무식한 사람은 없어 보였다. 그들 중 대략 20퍼센트는 좋은 사람이었고, 50퍼센트는 보통 사람, 30퍼센트는 좀 악한 사람이었다.

A는 60세 정도였는데, 나를 지키던 간수 중에서 가장 나이가 많은 것 같았다. 그는 나보다 몇 살 아래였지만 얼굴은 훨씬 늙어 보였다. 손가락 여러 개가 잘려있었는데, 고생을 많이 한 것 같았다.

그는 고향이 청진이라고 했다. 얼마나 순진한지 처음부터 정이 가는 호인 중의 호인이었다. 태생이 순하고 좋은 사람인 듯했다. 허세나 권위 의식은 찾아볼 수 없었다.

그와는 마음을 열고 대화를 나누었다. 그는 자기 가족과 고향 이야기도 종종 들려주었다. 권총을 차고 있었지만 아무런 경계심도 들지 않았다. 워낙 산전수전 다 겪어서인지 도통한 사람 같았다. 그는 내 맘을 항상 편하게 해주었고, 배려의 센스도 남달랐다. 그래서 그가 근무를 설 때면 나는 힘든 줄 몰랐다.

그는 내가 왜 잡혀 들어왔는지 다 알고 있었지만 한마디도 싫은 소리를 하지 않았다. 나이가 든 간수들은 대부분 그런 일에 관심이 없었다. 그 체제를 너무나 잘 알기 때문이었다.

그는 자신의 수명을 다해간다고 고백했다. 자기 집안에서 환갑을 넘긴 사람이 없다며 자기는 꽤 오래 산 편이라고 했다. 내가 "그런 생각은 하지도 마세요. 80세까지 충분히 살 것입니다"

라고 격려해줘도 잘 듣지 않았다. 남한에서는 환갑이면 한창이지만 북한에서는 그렇지 않다. 평균수명이 많이 차이가 난다.

그는 웃음이 많았다. 시골에서 살아서인지 형식적으로 사람을 대하는 모습이 전혀 없었다. 그래서 나도 예수님 이야기를 쉽게 할 수 있었다. 그러나 신앙 얘기를 하면 반대는 하지 않았지만 영적 갈급함은 없어 보였다. 그래도 나는 그에게 할 수 있는 만큼 복음을 전해주었다. 그와는 불과 몇 개월간 함께했을 뿐이지만 얼마나 큰 위로가 되었는지 모른다.

B는 두 번째로 나이가 많았는데 그도 마음이 넓고 친절했다. 그는 북한의 소식을 내게 많이 알려주었다. 2016년 8월경 북부 지방에 큰 홍수가 나서 전국에 비상이 걸렸다는 소식도 그에게 들었다. 수만 명의 군인이 수해복구에 동원되었고, 전 세계가 구호품을 보내왔다고 한다.

그때 홍수와 산사태로 죽은 주민이 600명 정도라는 이야기를 듣고 피해가 얼마나 큰지 짐작할 수 있었다. '여명 거리 건설'이라는 초대형 프로젝트도 중단하고, 주타격 전투 방향을 북부 피해 지역으로 옮긴다는 뉴스가 연일 나왔다.

그는 박근혜 대통령 탄핵 소식도 여러 번 전해주었고, 가끔은 국제 소식도 들려주었다. 내가 병원에 두 달 동안 입원해 있을 때는 병실에서 운동도 같이 할 정도로 친하게 지냈다. 그는 내가 무슨 죄를 저질러서 들어온 것이 아니고, 목회자로서 독재자를 우상화한다고 비판하다가 붙잡힌 것을 알았지만 어떤 표현도 하지 않고 잘 대해주었다.

사람에게 인격적인 대우를 해주는 것이 얼마나 중요한지 그를 통해 배웠다. 그는 지식도 많았다. 세상이 어떻게 돌아가는지 너무도 잘 알고 있으니 그곳에서 견디기가 더 힘들었을 것이다.

그러나 그는 잘 참고 그 사회에 적응을 잘하고 있었다. 나는 그런 이들이 더 측은하게 생각된다. 노예처럼 평생을 살아온 그들의 삶을 누가 보상해줄 수 있단 말인가?

젊은 사람 가운데도 좋은 사람이 있었다. C가 내 생일 저녁에 진수성찬이 담긴 밥상을 가져다준 것을 평생 잊지 못할 것이다. 3,000끼니 가운데 단 한 번의 진수성찬이었다. 지금까지도 나는 그가 왜 그런 파격적인 행동을 했는지 모르겠다. 주님이 내 기도에 응답하셔서 그를 사용하신 것이라고 믿는다.

그는 간수들 중 고참이어서 나를 많이 보호해주었다. 다행히 그는 근무를 많이 서는 편이었다. 그가 근무하는 동안에는 내 마음이 편했다. 그는 일할 때도 배려를 많이 해주었다.

한여름 땡볕에서 일할 때는 가능한 그늘진 쪽에서부터 일하라고 했다. 그런 작은 배려가 고된 일을 하는 내게는 큰 힘이 되었다. 감당치 못할 시험을 주지 아니하시는 하나님께서 그런 좋은 사람들을 보내어 나를 지켜주셨다.

사람에 대한 배려는 돈 들이지 않고 줄 수 있는 가장 큰 선물이다. 그는 내게 잘해주다가 소장에게 핀잔을 받기도 했으나 아랑곳하지 않았다. 그런 모습이 내겐 더없는 힘이 되었다.

내가 만약 갑자기 나가게 된다면 연락을 달라고 했지만 그는 내 연락처를 적는 것도 두려워했다. 그런 모습이 내내 안타까웠다. 언젠가 만날 수 있다면 그를 위해 뭔가를 꼭 해주고 싶다.

이처럼 천사 같은 사람이 있는가 하면 악마처럼 느껴지는 인간도 있었다. 내가 감옥에서 노동할 때면 항상 간수들이 두 명씩 교대하며 나를 감시했다. 그 중에 히틀러를 닮은 사람이 이유 없이 나를 많이 괴롭혔다.

쓸데없이 소리를 지르고, 내가 안 한 일을 했다고 하고, 한 일을 안 했다고 했다. 고추밭에서 일하던 어느 날은 갑자기 오더니 3시간 정도 일했는데 "8시간 동안 이것밖에 못했는가!"라면서 소리를 지르고 욕을 퍼부었다. 그리고 일을 많이 못했으니 일과 시간이 끝난 후에도 더 일하라고 했다.

감자밭에서 일하던 어느 날이었다. 하루에 100킬로그램씩 캐라고 하기에 쉴 틈 없이 캐서 25킬로그램씩 메고 네 번이나 산 아래로 날랐다. 그런데 손으로 붙잡고 있던 끈을 놓치면서 감자 부대가 미끄러져 감자 몇 개가 쏟아졌다. 그 순간을 놓칠세라 그 히틀러 간수가 소리를 질렀다.

"우리는 프레블로호 납치할 때 미국놈들을 맨손으로 때려잡았는데, 너는 왜 그렇게 힘이 없어! 그래 가지고 미국놈들을 이길 수 있겠어!"

나는 그 말에 대꾸할 필요를 느끼지 못했다. 그런 식으로 매사에 시비를 걸거나 못되게 구는 일이 한두 번이 아니었다. 그의 속에는 미움이 가득 차 있었다.

언어폭력에 시달리는 일이 몇 개월이나 지속되니까 스트레스가 쌓였다. 나는 이를 악물고 누구든지 믿음으로 축복하며 기도하려 했지만 한계에 도달했다. 얼마 후 내 몸에 이상이 생겼다(앞서 말했듯이 설사가 멈추지 않았다). 마음의 평안을 유지해야 몸이 건강할 수 있다는 걸 이미 알고 있었지만 그 감옥에서 더 철저히 알게 되었다.

옥수수밭에서 만난 형제

나는 거의 2년 정도 혼자 독방에 있었다. 감옥 전체에 죄수라고는 나 혼자였다는 말이다. 그러나 석방되기 몇 개월 전, 다른 독방에 한 죄수가 들어왔는데 그가 바로 김동철 씨(북한에 억류됐던 한국계 미국인, 2015년 10월 억류된 후 2018년 5월 9일 석방)다. 나는 그의 얼굴을 보자마자 누구인지 알 수 있었다. 그가 재판 받는 광경을 병원에 있는 동안 TV에서 보았기 때문이다.

그는 나보다 나이가 두 살 정도 위였고, 손주도 몇 명 있었다. 두만강호텔을 운영하던 사람이라는 말도 들었다. 간수 중의 한 사람이 감옥 규정을 어기고 내게 말해준 것이다.

우리는 철저히 격리되어서 서로 만날 수 없었을 뿐만 아니라 이야기도 할 수 없었다. 그러던 어느 날, 방들이 모두 망가져서 그가 내 옆방으로 이감되었다. 마음만 먹으면 이야기를 나눌 수도 있는 거리였다. 그러나 그것은 불가능했다. 24시간 감시당했기 때문이다.

그가 내 옆방으로 온 다음부터는 분위기가 더 살벌해졌다. 혹시나 둘이 접촉할까 봐 계속 겁을 주었기 때문이다. 그러나 아무리 철통같이 지켜도 틈새는 있기 마련이다. 간수들이 다 똑같지 않기 때문이다. 아무래도 나이 든 간수들은 여유가 있고, 엄격하게 통제하지 않았다.

어느 날, 그들이 마당에서 서로 얘기하면서 한눈파는 모습이 눈에 들어왔다. 감시 카메라를 보던 사람까지 밖에 나온 것을 확인한 우리는 창문 옆에서 몇 분 동안 숨죽여 얘기를 나눴다. 걸리면 심각한 벌을 받게 되지만, 다행히 걸리지 않고 자기소개를 간단히 할 수 있었다.

그 후 우리는 실내 청소를 할 때 멀리서나마 마주치면 눈빛을 주고받곤 했다. 이렇게라도 서로 격려하며 지내는 것이 무척 힘이 되었다. 그는 나를 안타까워하는 것 같았고, 나도 그와 그 가족들을 위해 기도해주었다.

그러던 어느 날, 옥수수밭에서 일하고 있는데 저 멀리서 그가 일하는 모습이 보였다. 주위를 살펴보니 간수들은 저 멀리서 이야기를 나누고 있었다. 그와 나의 거리가 약 200미터 정도 되었던 것 같다. 다행히 옥수수가 다 자라 키가 클 때여서 앉아있으면 밖에서 잘 보이지 않았다. 어디서 힘이 났는지 나는 옥수수밭을 기어서 그에게 다가갔다. 200미터가 엄청 길게 느껴졌다.

그와 5미터 정도 떨어진 곳까지 다가가 초긴장 상태에서 몇 마디 속삭였다. 그는 내게 미국 국무성 사람들이 다녀갔는데 얼마 후면 좋은 소식이 있을 것이라고 알려줬다. 그러면서 내 걱정을 해주었다.

그렇게 몇 마디 나누고 다시 기어오다가 멧돼지 잡으려고 파놓은 함정에 빠졌다. 기어 나오다시피 나오긴 했지만 물에 흠뻑 젖은 내 모습이 무척 한심해 보였다. 빠지는 순간 너무 놀라서 나도 모르게 소리를 질렀는데 다행히도 간수들이 못 들은 것 같았다.

정신없이 기어서 내 자리로 다시 돌아왔다. 이런 것을 두고 스릴 있다고 하는 것 같았다. 초긴장 상태였지만 기분이 좋았다. 그와 대면하여 이야기를 잠깐이라도 나눌 수 있었기 때문이다. 그런 식으로 딱 두 번 옥수수밭 만남이 이루어졌다.

한번은 감옥 청소를 하면서 눈빛을 주고받는 도중에 간수가 가까이 있는 것을 알아차리지 못하고 그가 나에게 소리를 내어 인사를 했다. 그 순간 못된 간수가 달려오더니 그를 불러 세우고는 무슨 말을 했느냐고 소리를 질렀다.

무시무시한 분위기에 초긴장이 되었다. 하지만 그는 끝내 아무 말도 하지 않았다고 태연하게 말했다. 그러자 간수도 약간 목소리가 가라앉았다. 무슨 소리를 듣긴 했는데 자기도 확실히 듣지는 못했기 때문에 어찌 할 수가 없는 모양이었다.

나도 모르는 체하면서 태연히 청소를 했다. 다행히도 그날은 별 일 없이 지나갔지만 이후 보초 서는 간수들의 태도가 확연히 달라졌다. 얼마나 경계하는지 느껴질 정도였다. 말 한마디 하려면 목숨을 걸어야 할 것 같았다.

그렇게 몇 달을 지내다가 내가 먼저 감옥에서 나왔다. 내가 감옥에 훨씬 더 오래 있었지만 나보다 나이가 많은 그를 두고 나오려니 너무 미안했다. 그도 금방 나올 줄 알았는데, 생각보다 오래 걸려서 그동안 그에 대한 이야기를 어디서도 할 수가 없었다.

아직 그를 만나보지 못했지만 기회가 오면 미국에 가서 만날 생각이다. 그를 만나면 감옥 동지로서 감회가 새로울 것 같다. 다시는 우리가 있던 감옥에 들어가는 해외 동포가 없기를 기도한다.

눈을 뜨고도 볼 수 없는

개도 아니고 사람의 눈을 가리는 것은 굉장히 기분 나쁜 일이다. 그들은 수용소를 벗어나면 언제나 안대로 내 눈을 가렸다. 그리고 조금만 이상한 것 같으면 소리를 지르며 안대를 다시 조정했다. 감옥이 어디에 있는지 비밀로 하려는 것이었다.

그러나 나는 그곳의 위치를 어느 정도 짐작할 수 있었다. 북한을 150번이나 다녔기 때문이다. 손바닥만 한 땅을 모를 것이 없고, 더구나 구글 어스(google earth)를 검색하면 10분도 안 걸려다 찾을 수 있다. 그러나 그들은 그런 정보를 모른다. 구글 어스 얘기를 하면 무슨 말인지 이해를 못한다. 인터넷을 사용해본 적이 없기 때문이다.

처음에 감옥에 들어갔을 때는 고개도 들지 못하게 했다. 고개를 들면 머리를 손으로 쳤다. 그것이 얼마나 기분 나빴는지 모른다. 그러나 그들은 다른 곳을 보는 것을 허용하지 않았다. 죄인이 머리를 들면 안 된다는 것이다. 그래서 처음에는 땅만 보고 걸었다.

밖에 나가서 일할 때만 고개를 들 수 있었다. 그러나 간수들막사 쪽은 바라보지 못하게 했다. 눈을 뜨고도 마음대로 볼 수 없는 것이 매우 불편했다. 사실 주변에 볼 것도 없었다. 간수들이 사는 막사와 저 멀리 보이는 건물 몇 채가 전부였다.

그래도 건물 밖을 나설 때면 어김없이 눈을 가리고 떠났다. 그것이 싫어서 평양에 있는 병원을 가는 것도 내키지 않았다. 하지만 그것도 이젠 다 지난 일이 되었다. 언젠가 기회가 오면 그곳에 다시 찾아가 선물을 나누어주면서 웃고 싶다.

동물들과의 만남

북한에 갇혀있는 동안 가장 많이 만난 대상은 사람이 아니라 동물들이었다. 그 중 가장 큰 놈이 강아지였다. 아무리 생각해도 신기할 정도로 구치소에서 조사받는 사람이 나뿐이었다.

구치소 건물은 그리 크지 않았다. 24시간 감시하는 사람들이 있었지만 감옥처럼 총을 차고 있지는 않았다. 그 대신 개들이 많았다. 그 중 하나가 새끼를 9마리나 낳았다. 하루에 한두 번 주어지는 산책 시간이면 강아지들이 나를 졸졸 따라다녔다.

구치소에서는 운동이라며 새벽마다 건물을 몇 바퀴씩 돌게 했는데, 강아지 한 마리가 내가 나올 시간에 맞춰 기다리곤 했다. 그것도 매일 꼭 그 놈만 나와서 기다렸다. 그 모습이 너무 기특해서 그 강아지를 편애하게 되었다.

나를 지키던 아바이(간수 대행)가 집에서 볶은 콩을 간식으로 가져다주어서 강아지들에게 나눠줬더니 너무 좋아했다. 그런데 아무래도 정이 든 그 강아지에게 더 많이 주게 되었다.

하나님도 그러지 않으실까? 우리가 주님만 바라보고, 생각하고, 사랑한다면 얼마나 예뻐하실까? 지금도 잊혀지지 않는 그 강아지처럼 주님을 가까이서 따르고 싶다.

사납고 큰 개들은 나를 지키는 것이 임무였다. 처음에는 무척 사나웠지만 시간이 지나면서 친해지자 점차 내게 꼬리를 흔들었다. 나중에는 내 말을 잘 들어서 훈련도 시켰다. 사람들이 모두 신기해했다. 그들은 나를 지키는 개가 아니라 내게 기쁨을 주는 하나님의 선물이 되었다.

구치소에서 13마리의 개들과 함께 지냈다. 그런데 내가 재판을 받으러 오가는 사이에 강아지들은 여기저기 팔려갔다. 강아지 한 마리를 남겨놓고 나는 감옥으로 가게 되었다.

감옥에서 봄을 맞이하던 어느 날 처음으로 밭에 나가서 일을 했다. 그 밭에는 개미들이 셀 수 없을 만큼 많았다. 개미들과 함께 일하면서 그들의 움직임을 관찰하면 심심하지 않았다.

작은 개미, 큰 개미, 아주 작은 개미, 너무 작아서 서서는 안 보이고 몸을 굽혀 자세히 살펴야 보이는 개미도 있었다. 내가 본 개미는 대부분 까만 개미였지만 빨간 개미도 제법 큰 집단을 이루었고, 노란 색의 개미도 있었다. 간혹 흰색 개미도 있었다.

빨간 개미에게 물리면 무척 아팠다. 큰 나무 밑에 그런 개미 집단이 있어서 물릴까 봐 조심하며 일했다. 듣기로는 불독개미라는 것도 있다는데, 이 개미에게 물리면 매우 아프다고 했다.

개미는 부지런함의 상징이다. 성경에도 "게으른 자여 개미에게 가서 그가 하는 것을 보고 지혜를 얻으라"(잠 6:6)라고 하지 않았는가. 그래서 나는 개미에게서 배울 것이 무엇인지 생각했다.

자세히 보니 개미가 자기보다 몇만 배, 몇십만 배 큰 나무를 기어서 오르내리는 모습이 너무 신기했다. 그들에겐 아찔하게 높은 나무를 자세히 살피며 쉬지 않고 올라갔다 내려갔다 하는 모습을 보면서 그들의 부지런함에 경탄을 금치 못했다. 어쩌면 얇은 실같이 연약한 6개의 다리로 그리 먼 길을 오갈 수 있을까! 그 가녀린 허리로 어쩌면 그렇게 유연하게 움직이는지 볼수록 신기했다.

물론 모든 개미가 다 부지런한 것은 아니다. 자세히 관찰해보면 슬슬 노는 개미도 있다. 집을 지을 때면 입에 흙을 물고 땅 밖으로 나와서 가능한 한 가까운 데 쌓아놓고 가는 개미도 있고, 멀리까지 가서 흙을 던지고 가는 수고를 아끼지 않는 개미도 있었다. 아주 성실하고 착실한 개미가 있는가 하면 얌체 같은 개미도 있었다. 그러나 대부분은 묵묵히 그리고 꾸준히 일했다.

개미들이 이동하는 모습을 살펴본 적이 있는데, 두세 마리씩 줄을 지어서 정확히 앞 놈의 뒤를 따라갔다. 그 중간을 방해하며 길을 막으면 다른 길을 내어 대열을 이어갔다.

개미는 곤충 중에 가장 힘이 센 것 같다. 자기 몸의 몇십 배나 되는 먹이를 끌고 간다. 메뚜기같이 큰 것도 끈질기게 끌고 간다. 에너지가 보통이 아니다.

또 싸움도 잘한다. 독을 쏘아가며 상대를 공격한다. 그들은 협력해서 공격을 가한다. 일단 전쟁이 일어나면 모든 개미가 총동원되어 용감히 싸운다. 타협하거나 도망가지도 않는다.

때론 무리끼리 전쟁을 하기도 한다. 그럴 때의 잔인함이란 말로 표현하기도 어렵다. 서로 뭉쳐서 용감하게 싸운다. 인간 말

개미를 보면서 우리는 과연 이만큼 정직하고 성실한지,
이런 기막힌 질서가 있는지, 감독자가 없어도
자기 일에 최선을 다하는지 생각해보았다.

고는 이렇게 종족끼리 영토 전쟁을 하는 동물들의 세계가 없다고 학자들은 말한다.

먹을 것을 발견했을 때는 그것을 아무도 없는 곳에서 먼저 먹는 법이 없다. 이기적이 아니란 말이다. 먹이를 옮길 때도 목숨을 걸고 이동한다. 자기가 맡은 일에 최선을 다한다.

개미를 보면서 우리는 과연 이만큼 정직하고 성실한지, 이런 기막힌 질서가 있는지, 감독자가 없어도 자기 일에 최선을 다하는지 생각해보았다.

> 만물보다 거짓되고 심히 부패한 것은 마음이라
> 누가 능히 이를 알리요마는
> 렘 17:9

한낱 미물마저 자기 몫의 일을 잘 감당하는데 인간은 남의 일에 참견이 많은 것 같다. 쓸모없는 에너지 낭비이다.

> 사람이 자기 일에 즐거워하는 것보다
> 더 나은 것이 없음을 보았나니
> 전 3:22

벌레와 십자가

감옥에는 바퀴벌레가 많았다. 모기와 파리도 많았다. 화장실에는 하루살이 같은 작은 벌레가 들끓었는데, 번식력이 강해서 천장에 가득 붙어있었다. 그것들을 잡다가 지치면 그냥 놔뒀다가 벌레 잡는 시간에 다시 열심히 잡곤 했다.

어느 날, 잠을 자는데 무언가 내 목을 기어가는 느낌이 들었다. 바퀴벌레였다. 너무 놀라 시간을 내어 바퀴벌레 박멸 작전을 폈다. 그런데 하도 빨리 숨어서 잡기가 쉽지 않았다. 어렵사리 발로 밟은 놈이 다시 살아나 도망가는 것을 보고 놀랐다.

'아니, 어떻게 저렇게 작은 벌레를 무거운 내 몸으로 누르는데도 죽지 않을 수가 있지?'

화장실을 살펴보니 수도 파이프를 막는 15센티미터가량의 나무 막대기가 보였다. 그것으로 바퀴벌레를 찍었더니 즉사했다. 그렇게 30마리쯤 잡아 죽인 것 같다. 다음 날도 계속 잡았다. 이걸 며칠 동안 반복했더니 벌레들이 거의 다 죽었다.

그래도 박멸되지는 않았다. 남은 놈들은 결사적으로 깊이 숨었다. 나는 마지막 한 마리까지 다 없애리라 마음먹고 온 방을 샅샅이 뒤졌다. 일주일쯤 지나자 하루에 3마리 정도가 잡혔다. 방이 깨끗해진 느낌이었다.

'진작 이렇게 잡을걸' 하면서 혼자 만족하고 있는데 며칠 후에 놀라운 일이 일어났다. 내가 갑자기 석방된 것이다. 그래도 방을 깨끗하게 하고 나와서 기분이 좋았다.

그 후 더 중요한 교훈이 나를 찾아왔다. 그 벌레들이 나를 괴롭히는 죄와 숨어있는 죄책감처럼 느껴졌다. 그리고 벌레를 잡은 나무가 십자가로 느껴졌다. 성경도 예수님의 십자가를 '나무'라고 표현한다.

> 친히 나무에 달려
> 그 몸으로 우리 죄를 담당하셨으니
>
> 벧전 2:24

이제 석방되면 죄가 나올 때마다, 죄가 숨으려고 할 때마다 십자가로 이기라고 말씀하시는 것 같았다. 그렇다. 십자가면 충분하고 완전하다. 내 자랑은 십자가밖엔 없다. 내 승리도, 오직 내할 말도 십자가뿐이다. 이제 나는 예수 그리스도의 십자가 외에는 아무것도 자랑할 것이 없는 사람이 되었다.

북한에서 쓰는 화장실 종이

2017년 초, 어느 날이었다. 날이 추워서 화장실 안에 얼음물이 가득했는데 평소 나를 괴롭히던 한 간수가 그 화장실 청소를 내게 시켰다. 간수들이 쓰는 화장실이기에 이전에는 한 번도 내게 청소를 시킨 적이 없었다. 나는 얼음물 속에 맨발로 들어가서 더러운 화장실 청소를 시작했다.

그런데 쓰레기통 안에 손바닥만 한 신문지가 가득한 것이 눈에 들어왔다. 아무리 봐도 두루마리 휴지는 보이지 않았다. 그제야 그들이 자기들의 화장실 청소를 내게 시키지 않은 이유를 알수 있었다. 그런 현실을 보여주고 싶지 않았던 것이다.

나는 마음이 아팠다. 휴지 하나 없는 그들의 현실을 보았기때문이다. 사실 그동안 이상하게 생각되던 것이 그제야 이해가되었다. 내게는 중국제 두루마리 휴지가 한 달에 하나씩 제공되었는데, 그것으로는 모자라기에 아껴 쓰거나 때로는 물로 씻기도 했다.

그런데 고참 간수들 중 몇 명이 종종 내게 와서 조용히 화장지를 얻어갔다. 좀 이상했지만 쓰던 화장지가 떨어져서 그런 줄 알았다. 그러고 나면 화장지를 얻어간 사람이 누구냐고 묻는 사람들도 있었다. 그렇게 서로 고발하려는 모습을 보면서 참 이상하다고 생각했다.

그들은 두루마리 휴지를 쓰지 못하면서도 내게는 그런 모습을 보여주기 싫어서 한 달에 하나씩이었지만 휴지를 제공해준 것이었다. 그 후로는 나만 화장지를 사용하는 것이 더욱 미안했다.

그리고 손바닥만 한 신문지로 어떻게 해결하는지도 궁금했다. 고난의 행군 때는 휴지가 없는 것이 큰 문제가 안 되었다는 이야기를 들은 적이 있다. 왜냐하면 먹는 것이 없으니 변이 염소 똥처럼 작아서 처리가 쉬웠기 때문이다.

나도 감옥에서 지내다 보니 먹는 것이 부실해 거의 소화가 되어 내보낼 변이 별로 없어서 화장지가 많이 필요하지 않았다. 지저분하고 슬픈 이야기이지만 간수들의 화장실 청소를 하며 나는 충격을 받았다.

간수들에게조차 화장지가 공급이 안 되는 딱한 실정을 직접 보았기 때문이다. 시골에서는 멀리 나갔다가도 인분을 거름으로 사용하기 위해 용변을 꼭 집에 와서 본다는 말을 탈북자들을 통해 듣기도 했지만 말이다.

4장
우상의
나라

김일성 전문가로 만드시다

나는 북한에 억류되기 전에 18년 동안 북한을 150번 정도 방문
했다. 그래서 나를 북한 전문가로 여겨 여기저기서 초청을 많이
해주었다. 사실 나는 북한의 현실을 누구보다 많이 알았지만 전
문가는 아니었다. 그러나 지난 3년 가까이 북한 땅에 사는 동안
하나님께서 나를 북한 전문가로 훈련시키셨다.

나는 재판받기 전에 수개월 동안 구치소에 있으면서 할 일이
없었다. 성경책도, 읽을 만한 책도 없었다. 그래서 공산주의자들
은 무슨 생각을 하는지 알기 위해 김일성에 관한 책들을 가져다
달라고 요청했다. 그들이 그런 책을 내게 읽히고 싶었으나 강제
로 읽힌다는 말을 듣지 않으려고 침묵하고 있을 때였다.

내가 먼저 《김일성 회고록》을 달라고 요청했더니 신이 나서 갖

다 주었다. 그들은 내가 그 책을 읽고 김일성을 찬양하는 사람이 되기를 바라는 것 같았다. 나는 그 후로도 북한 책을 100권 정도 읽었다. 그렇게 북한의 70년 역사를 공부하며 머릿속으로 정리할 수 있었다.

《김일성 회고록》은 총 8권으로 되어있다. 1-6권까지는 김일성이 직접 썼다고 하고, 나머지 2권은 그의 사후에 작가들이 그의 평소 생활을 관찰한 것을 토대로 썼다고 한다.

김일성의 '현지 지도'라는 글에는 그가 기차를 타고 다니며 인민들과 함께 생활한 날이 8,640일이라는 기록이 나온다. 북한 주민들과 함께 먹고 자며 농촌 현지 지도를 했다는 것이다.

어떤 날은 아주 깊은 함경도 골짜기까지 걸어 들어가서 그가 누군지도 모르는 할아버지의 집에서 함께 자면서 노인의 친구가 되어주었다는 기록도 있었다.

당시 김일성은 미국 포드 회사의 링컨 리무진을 즐겨 탔다. 여러 가지 이유가 있겠지만 이 차에 완벽한 방탄장치가 되어있기 때문인 듯하다. 그에 관한 영화와 책에 리무진을 기차에 싣고 다녔다는 내용이 나온다. 대형 승용차를 타고 좁은 시골길을 다닌 것이다.

회고록에는 김일성의 죄와 실수가 한 가지도 기록되지 않았다. 실수가 없는 완전한 사람으로, 어질고 인민을 사랑하는 마음으로 가득한 어버이의 이미지로 최대한 표현했다.

이것이 인간이 만든 가짜 영웅전의 전형적인 모습이다. 김일성이 행한 죄가 얼마나 많은가. 얼마나 많은 사람들을 죽게 했는가. 항일 빨치산을 만들어 죽인 일본 경찰과 중국 군인들이 얼마나 많은가.

뿐만 아니라 그를 따라 항일 유격대에 들어갔다가 아까운 청춘을 꽃피워보지도 못한 채 생명을 잃은 아이들과 젊은이들이 얼마나 많은가. 그는 독립운동은 하지 않고 중국 변방을 돌면서 일본 경찰과 젊은이들을 죽이며 적어도 15년 이상의 세월을 보냈다. 과연 그 많은 사람들의 죽음을 누가, 어떻게 보상할 수 있는가.

그는 한국 땅에서 한 일이 거의 없다. 대부분 중국 땅에서 한 활동뿐이다. 왜냐하면 항일 유격대를 데리고 백두산에 들어갔을 때 이미 한국은 해방을 맞이했기 때문이다.

하나님의 자비하심 가운데, 하나님의 시간이 되었을 때, 하나님의 방법으로 우리나라에 해방을 주셨다. 미국이 원자탄을 일본에 떨어뜨린 것도 일본을 향한 하나님의 심판이었다. 그렇게 하지 않았으면 일본은 전쟁을 그치지 않았을 것이다.

한국의 해방은 김일성과 아무 관계가 없으며, 중국이 해방에 기여한 것도 일체 없다. 단지 미국이 일본 땅에 떨어뜨린 원자탄의 위력 때문이었다. 그런데 북한의 역사는 위대한 수령이 일본을 무찔러 조국의 해방을 가져다주었다고 가르친다. 이것은 역사의 왜곡이다. 북한이 만들어낸 결정적인 거짓말이다.

남한뿐 아니라 온 세계가 알고 있는 사실이다. 눈과 귀가 가려진 채 가르침을 받는 북한의 인민들만 모를 뿐이다. 김일성의 문제는 모든 것을 자기의 영광과 결부시킨 것이다. 안중근 의사, 김구 선생 등 많은 독립투사들을 모두 자기 밑에 두고 비하시켰다. 그는 전형적인 독재자였다.

모든 북한 주민이 다 알고 있는 이야기가 있다. 김일성의 아버지 김형직이 아들에게 물려준 유일한 유산은 권총 두 자루뿐이라고 한다. 권력은 총구에서 나온다는 것이 김일성의 유일한 철학이다. 이것은 북한에서는 타협이 불가능한 이론이다. 우리는 모든 권세는 하나님께 속해있다고 믿는다. 그런데 김일성은 철저히 무기와 무장을 강조하며 거기에 매달린다.

거기에서 연길의 폭탄정신도 나왔다. 항일 무장 투쟁 시기에 소련에 수류탄 공장을 지어달라고 요청했더니 거절했다고 한다. 그래서 자기들 스스로 만든 것이 연길 폭탄이다. 이런 식의 선군정치(先軍政治)가 변함없는 북한의 통치 이념이다. 그래서 아이들에게 사탕도 만들어주지 않고 그 돈으로 총알을 만들었다고 가르친다.

그렇게 350만 명을 굶겨 죽이면서도 미사일과 원자탄, 중성자탄, 신경탄을 만들어내고 있다. 공산당은 모든 것이 무력으로 시작된다. 그들은 혁명의 이름으로 수많은 사람들을 무자비하게 처단했다. 삼대를 멸절시키고 가족과 친지들까지 죽이거나 몰아냈다. 이런 못된 짓을 다 가리고 미화된 수령의 모습만 강조한 것이 《김일성 회고록》이다.

수령의 뜻만이 존재하는 나라

회고록을 보면 김일성이 학창 시절 연길 감옥에서 10년 이상의 형을 받고 갇힌 적이 있다. 그때 그를 감옥에서 빼내준 사람이 손정도 목사라고 소개한다.

감옥에서 죽어가던 수령을 살려준 생명의 은인이 목사라면 복회자들을 존중해줄 만하지만 그렇지 않다. 북한에서는 목사들을 매우 조롱한다. 그리고 선교사들을 아주 잔인한 미국 스파이라고 가르친다.

토마스 목사님도 순교자가 아닌 침략자로 규정하고 성토한다. 철저하게 적그리스도적이다. 김일성의 아버지 김형직이 숭실학교를 다니다가 중퇴한 후에 한 일이 선교사를 추방하는 것이었다.

수십 권의 《항일 빨치산 참가자들의 회상기》도 김일성 찬양 일색이다. 나는 빨치산이 무슨 산 이름인 줄 알았다. 그들은 러시아를 추종했다. 이 빨치산 참가자들이 혁명 1세대의 근간을 이루고 있는데, 지금은 거의 세상을 떠나 혁명렬사묘에 들어가 있다.

이들은 김일성의 머릿속에 기억되어 있는 존재다. 그들은 대개

한글조차 쓰지 못하는 무식한 사람들이었다. 이것은 내 말이 아니라 김일성 자신이 강조한 말이다.

그런 무식한 사람들을 가르치고 세웠더니 모두 영웅이 되었다는 것이다. 내가 조사받는 동안에도 그런 무식하기 짝이 없는 사람들이 나를 심문하기 위해 찾아온 적이 있다. 몇 마디 얘기만 해봐도 제대로 아는 것이 없음을 알 수 있었다. 충성도에 따라 성분이 정해지는 것 같았다.

비전향 장기수들이 쓴 책도 4권가량 읽었다. 이들은 남한에 내려와 간첩 활동을 하다가 붙잡혀 장기수로 복역하다 김대중 대통령 시절에 풀려나 이북으로 돌아간 사람들이다.

이들의 책도 오직 수령님 찬양뿐이다. 그리고 그들이 남한에서 겪었다는 감옥생활은 얼마나 잔인한지 모른다. 물고문부터 시작해서 온갖 가혹한 고문을 당했다고 주장한다.

그 책은 인권이란 존재하지 않는 나라가 남한이라고 가르친다. 남한의 어둡고 더러운 점만 기록하고, 발전상과 아름다운 이야기는 찾아볼 수가 없다. 북한 사람들이 남한을 인간 지옥으로 연상하게 만들기 위함이다.

어떤 비전향 장기수는 자기에게 잘해주던 수녀님에 대해서 고마운 감정을 약간 드러내긴 했으나 구체적인 언급은 없었다.

《인민들 속에서》는 김일성과 김정일의 미화된 모습이 담긴 100권짜리 시리즈이다. '어버이 수령님의 불멸의 혁명업적과 고매

한 풍모를 보여주는 실제의 주인공 1,600명이 수령님을 회상하는 1,810여 건의 회상 실기'라는 그 책도 구구절절 수령 찬양 일색이다.

북한에서는 수령이 방문한 곳은 다 성지가 된다. 수령이 방문했던 장소는 모두 특별히 구분되어서 표시된다. 또 김일성, 김정일, 김정은의 손이 닿은 것은 무엇이든지 신성시된다.

수령의 뜻만이 존재하는 나라, 수령의 가르침을 따라 살아가는 나라여서 인민들의 창조적 지혜가 들어갈 여지가 없다. 수령에게 아부하는 사람들만 살아남는 나라가 북한이다. 그들은 '김일성은 하늘도 머리 숙일 수밖에 없는 절세의 위인'이라는 역겨운 말을 70년 동안 반복하고 있다. 역사 가운데 이런 나라가 또 있었는지 모르겠다.

감옥 안에 TV가 없었던 것이 얼마나 큰 축복이었는지 모른다. 매일 김일성을 찬양하는 방송을 보는 것은 고문 중에서도 가장 심한 고문이기 때문이다.

북한의 우상화 작업

미국의 일간지 〈크리스천 사이언스 모니터〉(The Christian Science Monitor)는 2007년 1월 기사에서 북한이 김일성, 김정일 부자의 우상화 작업을 위해 국가 전체 예산의 40퍼센트가량을 사용하고 있다고 보도했다.

2007년 책정된 북한의 예산은 4,333억 원(북한의 환율은 1달러 당 140원으로, 약 31억 달러)이었다. 그 중 40퍼센트면 12억 달러를 쓴 것이다. 이는 북한 주민들이 1년 반 동안 먹을 곡물을 살 수 있는 엄청난 돈이다. 거의 모든 주민들은 아사(餓死) 직전인데 우상화 작업에 어마어마한 돈을 쏟아붓고 있는 것이다.

김일성 동상과 영생탑 건설

전무후무할 정도로 우상이 가득한 나라가 북한이다. 그것도 한 인간을 엄청나게 우상화해 놓았다. 그들의 주장만 봐도 엄청난 규모임을 알 수 있다.

나는 '만수대창작사'를 여러 번 방문했는데, 그곳에 김일성 동상을 28,000개나 세웠다는 기록이 있었다. 철로 만든 거대한 동상은 수십 개 정도지만 석고나 왁스로 만든 것도 포함한 것 같았다. 만수대 언덕에 세워진 동상은 그의 60회 생일을 기념해 건립되었다. 높이가 20미터에 이르고 받침대만 3미터이다. 처음에는 동상 전신에 금을 칠했다가 북한을 방문한 덩샤오핑 전 중국 주석이 "너무 화려하지 않냐"고 질책하자 김일성이 도금을 벗기도록 지시했다고 한다.

내가 북한 병원에 있을 때 TV에서 여러 번 본 장면이 생각난다. 개성에 김일성 동상이 세워진 후, 한 여자가 하루도 빠지지 않고 새벽 4시면 그 앞에 가서 동상을 닦고 경배했다. 방송에서는 이 여자를 위대한 영웅이라고 칭찬했다. 또한 김일성의 생일과 사망 기념일은 물론이고, 시도 때도 없이 김일성 동상 앞에 갖다 바치는 꽃의 수는 헤아릴 수도 없을 정도였다.

나는 중국에서 비행기를 타고 평양에 갈 때마다 수많은 사람이 비행기 좌석에 김일성에게 바칠 꽃을 놓고 그들은 서서 오는 모습을 보았다. 세상 어느 나라에서도 볼 수 없는 기막힌 일이지만 그들은 너무 자연스럽고 당연하게 여겼다. 김일성이 사망했을 때, 평양 시민들이 몰려나와 동상 앞에서 눈물바다를 이루었던 장면은 위장한 연극이 아니었다.

그가 사망하고 몇 년이 지난 후 평안북도 향산에서 하룻밤을 자게 되었다. 다음 날 새벽 4시에 눈이 뜨여 혼자 산책을 나갔다. 아무도 없는 시골길을 1시간쯤 걷다가 밭에서 김을 매는 할머니를 만났다. 반가운 마음에 다가가 해외에서 온 동포라고 인사하며 물었다.

"할머니, 이제 수령님께서 서거하신 지도 몇 년 지났지요?"

그러자 할머니가 내 얼굴은 쳐다보지도 않고 하늘을 향해 손을 들더니 "아바이!"를 계속 부르면서 우는 것이 아닌가! 나는 너무 놀라서 아무 말도 하지 못하고 그 자리를 떠났다.

마치 사람들이 집단최면에 걸린 것 같았다. 그들을 보며 나는 내가 믿는 하나님을 그토록 사랑하고 경외하고 있는지 돌아보았다. 물론 북한 사람들이 다 그런 것은 아니었다. 그러나 많은 사람들이 김일성 종교를 믿는 광신도의 모습을 보였다.

전무후무할 정도로 우상이 가득한 나라가 북한이다.
그것도 한 인간을 엄청나게 우상화해 놓았다.

대부분 집단을 이루고 있을 때 그런 모습이 두드러지게 나타났다. 무언가 심리적인 작용이 있는 것 같았다.

동상 제작은 북한의 최고 미술가들이 맡는다. 그들은 만수대창작사에서 '공훈 작가', '인민 작가'로 불린다. 동상 제작에 쓰이는 비용은 특수 자금으로 거의 무제한 지급되는 것 같았다. 더욱이 동상을 관리하는 정성도 엄청났다. 날마다 지키고, 비가 오나 눈이 오나 닦고 청소하고, 전기를 사용해서 항상 빛을 비추었다.

그들은 주체사상탑과 김일성, 김정일 동상의 불을 끄지 않았다. 만수대 언덕에 세워진 동상은 최첨단 금속 탐지기로 폭발물 감시 장치까지 해놓았고, 인민군 한 개 중대가 무장하고 보초를 섰다.

북한의 우상숭배는 권력 유지 수단이므로 예산을 아끼지 않는다. 역사를 보면 느부갓네살을 비롯해서 스탈린, 레닌, 모택동도 동상을 건립했으나 북한처럼 요란하게 하지는 않았다.

김일성 사진을 보호하려는 정신

북한 땅에서는 우리가 이해하기 힘든 일이 비일비재하게 일어난다. 그들은 수천만 개도 넘는 김일성과 김정일 사진을 매일 정성껏 닦는다. 먼지가 있으면 비판을 받기 때문이다. 김일성 배지를 '배지'라고 말했다가는 큰일난다. "김일성 초상화를 모신다"라고 해야 한다. 단 한 사람도 예외 없이 가슴에 배지를 부착하고 다닌다.

그리고 모든 건물과 집에 김일성 부자의 사진을 걸어놓고 모신다. 집에 불이 나도 가장 먼저 초상화를 보호한다. 내가 용천에 갔을 때 들은 얘기이다.

폭발 사건이 일어나 수백 명의 아이들이 파편에 맞아 죽어가고 있을 때 부모들이 자식을 구하려고 애쓴 것이 아니라 수령님 사진을 보호한다며 가슴에 품고 있었다고 한다. 그러면 그들은 영웅 대접을 받고 성분이 좋은 사람들이 된다.

내가 병원에 있을 때 TV에서 수없이 봤던 영상이 있다. 백두산에 불이 났을 때 혁명 구호를 써놓은 나무를 보호한다며 17명의 젊은이들이 스크럼을 짜고 지키다가 모두 불에 타 죽었다. 그 후로 그들은 영웅이 되어서 날마다 TV에 나온다. 그런 이야기는 끝이 없다. 바다에서 풍랑을 만나 죽어가면서도 김일성 사진이 물에 젖지 않도록 감싸고 죽은 사람도 영웅이 되었다.

오래전에 임진강을 통해서 탈북한 초등학교 선생님 이야기를 들은 적이 있다. 그녀의 탈북 동기는 아주 단순했다. 그녀는 학교에서 청소하다가 실수로 김일성 사진 액자를 떨어뜨려 깬 것 때문에 수감되었다. 감옥에서 나온 뒤에 그녀는 임진강이 범람하는 틈을 타서 동생과 함께 탈북을 시도했지만 도중에 동생을 잃고 혼자 넘어오게 되었다. 나는 그녀와 함께 몇 년 동안 공부하면서 많은 이야기를 들었다.

성경책이 발견되면 기독교인들을 데려다가 사리원 광장에 세워놓고 비판을 하게 하고, 고아들을 동원해서는 "너희 부모들을 죽인 원수는 예수 믿는 사람들이다"라고 선동하며 죽였다고 한다. 어떤 때는 죽은 사람의 창자를 빼서 끌고 가는 끔찍한 장면도 보았다고 했다.

뿌리 깊은 신격화

2017년 1월 어느 날, 한 보안원이 갑자기 "금년 장군님의 신년사를 읽어보았는가"라고 물었다. 내가 "신문도 없는데 그것을 어떻게 읽었겠소"라고 답했더니 신문을 가져다 주겠다고 했다.

잠시 후에 두 사람이 신문을 정중히 들고 내 방으로 왔다. 내가 무심코 한 손으로 받았더니 그들이 내 손을 치면서 "최고 존엄에게 너무 무례하다"라고 소리를 질렀다.

나는 깜짝 놀라서 두 손으로 정중하게 신문을 받았다. 〈노동신문〉 1월 1일자였는데, 1면의 절반 이상은 김정은의 사진이 차지했다. 신문을 받긴 했지만 내 손을 치는 바람에 너무 놀라서 읽을 기분이 나지 않았다.

'어떻게 인간을 저렇게도 경건하게 경외할 수 있는가?'

분노가 치밀었지만 당시에는 아무것도 할 수가 없었다. 그래서 나는 신문을 보는 둥 마는 둥 하다가 돌려주었다. 신년사는 다 읽었지만 별 내용이 없었다.

하지만 매우 이질감을 느꼈다. 민족의 DNA가 변이된 것 같은 느낌이랄까? 이런 사람들과는 도저히 한 민족, 한 형제라는 골육의식을 가질 수 없을 것 같다는 무거운 생각이 들었다.

신문 한 장도 신주 모시듯이 다루는 것을 보면서 김일성 신격화가 얼마나 깊이 뿌리 내렸는지 실감이 났다. 김일성 삼부자 사진이 실린 신문을 함부로 다루면 즉시 감옥행이다.

이런 인간 신격화와 우상화를 철저히 회개하고, 수만 개의 동상을 전부 헐어버리고, 수천만 개의 사진을 모두 제거해버리고, 영생탑을 무너뜨리고, 법을 고치지 않는 한 평화적인 통일은 불가능할 것 같은 생각이 들었다.

나는 북한 주민들을 정말 사랑한다. 대다수의 주민들은 정말 순수하다. 그러나 3대째 독재 권력 세습을 하는 삼부자가 문제이다. 김정은이 죄를 버리고 회개하고 돌아올 수만 있다면 역사의 가장 큰 기적이 일어날 것이다.

영화 만드는 재주가 뛰어났던 김정일

나는 구치소에서 조사를 받는 동안 영화를 많이 보았다. 그 중 북한 사람들에게 가장 인기 있는 〈민족과 운명〉이 기억에 많이 남는다. 북한의 조선예술영화촬영소에서 1992년부터 제작한 다부작 예술영화인데 박정희, 전두환 대통령, 장영자(홍영자), 장도영(마도영) 씨를 아주 악랄하고 나쁜 사람으로 묘사한 시리즈도 있었다. 영상 기술로 볼 때는 수준이 괜찮았으나 전부 남한을 폄하하는 내용을 담고 있었다.

김정일은 영화에 남다른 애정을 보였다. 그는 예술적인 면에 재능이 있었던 것 같다. 그러나 북한 영화는 세상의 영화와 확연히 다른 점이 있었다. 흥미를 자아내는 단순한 엔터테인먼트(entertainment)가 아니라 '김일성 부자 우상화'가 목표였다. 스포츠를 주제로 한 영화조차 그들에 대한 찬양으로 절정을 이루었다.

〈대동강에서 만난 사람들〉도 아주 재미있었다. 소재나 인물이 한국 영화와 비슷한 느낌을 주었다. 그러나 결론은 모두 김일성 찬양이었다. 그들은 그런 주제와 결론에 익숙해져서 당연한 것으로 받아들이는 것 같았다.

북한에는 전쟁 영화가 대단히 많다. 그런 영화를 통해 끊임없이 미국을 증오하게 만든다. 외국영화를 접할 길이 없는 북한의 인민들은 영화 내용을 그대로 믿으며 70년을 속아 살고 있다. 가끔 외국영화도 보여주는데 대부분 러시아나 동유럽의 영화였다.

그래서 북한에서 상영되는 모든 영화가 철저히 무신론적이며 공산주의 찬양 일색이었다. 나는 공산주의 나라들이 얼마나 궁핍하고 힘들게 사는지 영화를 통해 알게 되었다. 사상적으로 틀에 박힌 영화를 만들 수밖에 없기에 대다수 공산주의 국가들이 소련 영화를 복제했다.

그럴 수밖에 없는 것이, 자유가 보장되지 않으니 창조적으로 작품을 만들 수가 없다. 창의력이 좋으면 비판을 받게 되므로 자유 진영과 같은 작품을 만들기는 거의 불가능하다. 나는 영화를 보면서도 공산주의의 비참함을 많이 알게 되었다.

지하교회 사람들

내가 북한에 잡혀있는 동안 나 때문에 조사를 받은 사람들이 많다. 나와 관계된 사람들은 모조리 조사했기 때문이다. 대부분은 훈계 조치로 끝난 것 같다. 그러나 통전부 소속 인사들 중에는 징계를 받은 사람도 있었다.

LA의 서 권사님은 북한을 엄청나게 많이 다닌 분이다. 친척들이 북한에 많이 살기 때문에 그들을 방문하러 갔다가 그곳의 어려운 현실을 보고 돕기 시작했다. 그러다 보니 지하 교인들도 서 권사님을 통해 연결되었다. 권사님은 그들의 고향에도 별 제재 없이 다닐 수 있었다. 그렇게 찾아낸 지하 교인들만 수백 명이 넘는다.

나는 권사님이 미국으로 가져오신 지하 교인들의 성경을 LA에서 직접 보고(공개적으로), 그 사진을 USB에 담아 교회에서 보여준 적이 있다. 그 정보를 입수한 북한 관리들이 내게 따져 물었다. 그러면서 그 성경 사진이 가짜이고, 내가 거짓으로 만들어낸 것이라고 말하라며 기자 회견을 강요했다.

나는 그렇게 해서 북한의 지하 교인들이 보호받을 수 있다면 시키는 대로 하는 것도 괜찮겠다고 생각해서 그들이 써준 대로 읽었다. 또한 그들은 북한 선교를 하는 한국과 북미의 교회들과 지도자들의 이름을 거명하면서 기자 회견 때 말하라고 강요했다. 나는 나름 그들이 조심하도록 돕는 방법이라고 생각해서 그들이 시키는 대로 했다.

그들은 해커를 통해 인터넷에 나온 정보를 전부 뒤졌다. 집회를 한 다음 나도 잊고 있었던 교회의 명단도 들이밀었다. 거짓말을 할 필요도 없었다. 그들은 수백 페이지에 달하는 진술서를 강요했고, 그 모든 교회에서 집회한 날짜와 모인 사람의 숫자까지 적으라고 강요했다. 그리고 그것을 근거로 내 형량(刑量)을 만들어냈다.

심지어 내가 젊은 시절 CCC에서 활동한 것까지 알고 있었다. 그들은 내게 김준곤 목사님은 반동이며, 목사님의 가족들이 공산당에게 처형당한 것도 다 거짓말이라고 말했다.

내가 "김준곤 목사님은 젖염소 보내기 운동 같은 좋은 일을 한 분입니다"라고 말했더니, 그들은 "그건 우리가 그를 이용한 것뿐이다"라고 솔직히 말했다. 이용 가치만 있으면 물질적 도움은 받으라는 지시가 있었던 것이다.

그런 조사 과정이 수개월간 계속되었다. 나중에 알고 보니 그 기간 동안 나에 대해 일체 침묵해서 외부에서는 내가 북한에서 행방불명되었다고 보도됐다고 한다.

다행히 서 권사님은 연로해서 10일 만에 미국으로 돌려보냈다고 내게 알려주었다. 지하 교인들도 조사했지만 특별한 문제가 없었기에 경고만 했다고 말했다.

지하교회(그들은 '가정교회'라고 부름)는 워낙 비밀스럽고 인원수도 적기 때문에 탈북 동포들도 잘 알지 못한다. 우리 교회에 출석하던 150명의 탈북자 중 불과 두세 가정만 지하교회와 연관을 갖고 있었다. 내 생각에는 북한에서 지하 교인들을 색출해서 계급적 원수로 규정하여 죽이거나 정치범 수용소에 집어넣던 것은 해방 후부터 1970년대 초까지였던 것 같다.

그 이후에는 가정교회를 감독하면서 파악하고, 지하 교인들의 기본적인 권리를 박탈하고 모든 정치적 생명을 죽인 것 같다. 주거의 자유는 물론, 변변한 직업도 없고, 당원이 되는 건 절대 불가능하고, 주소도 없는 시골에 방치된 채 근근이 연명하며 살게 놔둔 것 같다.

그러나 지하 교인들은 열심히 살았고, 그 안에서도 병든 자들과 소외된 사람들을 찾아다니며 위로하고 복음을 전했다. 나를 조사하던 조사관들이 그곳을 방문한 후에 내게 말해주어서 알게 되었다. 자기들이 파악하고 있는 가정교회가 250개 정도 있다는 말도 여러 번 들었다. 나는 그 말을 믿는다. 지하교회가 존재하는 것은 분명한 사실이다. 나도 그들을 만나 간증을 듣고, 그들을 위해 기도해준 적이 있기 때문이다.

헤롯처럼

여러 가지 변화가 북한 땅에 일어났다. 그것은 김일성 목에 생겨
난 혹과도 관련이 있다. 혹이 갑자기 자라나면서 죽음의 위기를
느낀 김일성 일가의 얘기가 많지만 여기서는 생략하겠다.

이를 계기로 김일성은 미국의 전도자 빌리 그레이엄(Billy
Graham)과 지미 카터(Jimmy Carter) 전 대통령을 초청했다. 그
외에도 미국 목사들이 많이 들어갔다.

김일성은 그들을 통해 미국과의 유화 정책을 여러 번 시도했
다. 그 과정에 생겨난 것이 봉수교회이다. "지구상에 교회가 하
나도 없는 나라는 북조선밖에 없다"라던 그들의 말 때문이었다.

나도 봉수교회를 많이 가봤다. 연설(설교)도 하고 대표 기도도
했는데, 신기하게도 교회에 들어갈 때는 김일성 배지(초상화)를
떼고 예배했다.

후에 김정일에 의해서 칠골교회가 세워졌다. 그의 할머니 기념
공원 자리, 외가 친척들이 살던 반석공원 옆에. 어느 날 차를 타
고 가던 김정일이 반석공원 앞에 차를 세우라고 하더니 꽤 긴 시
간을 상념에 잠겼다고 한다. 아마도 어린 시절에 외가의 교회에
다니던 것을 생각했던 것 같다. 그러더니 그곳에 교회를 세웠다
고 한다.

영국의 유명한 목회자 로이드 존스(Lloyd Jones)는 헤롯을 '근
접한 그리스도인'이라고 칭했다. 헤롯은 세례 요한의 목을 베기

는 했지만 본래 그를 마음속으로 존경했고, 그의 설교를 달게 들으면서 두려워했다. 하지만 빌라도처럼 자기의 지위와 명성과 출세에 지장이 생길까 봐 요한의 목을 벨 수밖에 없었다.

회개만 했다면 헤롯도 그리스도인이 될 수 있었다는 말이다. 김일성 집안을 보아도 그런 예를 많이 볼 수 있다. 그의 회고록을 보면 만주에 있을 때 어머니와 함께 교회에 다녔다고 기록돼 있다(1권 65쪽).

나는 그 대목을 자세히 읽었다. 그 내용대로라면 김일성의 어머니 강반석은 믿음이 좋은 사람이 아니었던 것 같다. 그녀가 설교를 들으면서 졸았다는 기록만 봐도 짐작할 수 있다. 어머니는 하나님을 믿는 믿음이 확실한 사람이 아니었다고 김일성이 증언한다. 그의 외가에는 목사도, 장로도 있었고 기독교인이 많았다.

회고록에는 김일성과 관계된 목사님들 얘기도 나온다. 손정도 목사가 대표적이다. 손 목사는 정동제일교회 제6대 담임목사로, 부흥의 주역이었다. 그러나 3년 만에 담임목사직을 사임하고 상해로 가서 임시정부 의정원 의장을 지낸 후에 만주로 건너가 길림성에 교회를 세우고 사역했다.

그는 숭실중학교 2년 선배였던 김형직의 아들 김일성이 찾아오자 그를 친자식처럼 돌보았다. 그리고 김일성이 만주 군벌에 의해 일본 감옥에 갇혔을 때도 큰돈을 지불하고 석방시켰다.

그래서 회고록에서 김일성도 손정도 목사를 '민족을 위한 애국자이며 내 생명의 은인'으로 고백했다. 또 손 목사의 자녀들과 김일성은 형제처럼 지냈다. 재미(在美) 의사였던 손 목사의 둘째 아들 손원태 박사는 평양을 자주 방문했는데, 김일성은 그를 언제나 환대했다. 그의 팔순 잔치도 평양에서 치러주었고, 2005년에 애국 열사능에 안장해주었다.

이렇듯 그리스도를 영접할 기회가 여러 번 있었지만 그는 결코 신앙을 받아들이지 않았다. 주변에 크리스천들이 많았지만 사상이 달랐기 때문이다. 김일성의 외할아버지인 강돈욱 목사는 평양 칠골교회와 창덕교회에서 시무했다. 외삼촌인 강진석도 장로교 목사였다. 친척 가운데는 강량욱 목사도 있다. 그 외에도 그를 만난 기독교 인사들이 많았다.

그러나 끝내 주님을 영접하지 않고 근접한 그리스도인으로 세상을 떠났다. '사람이 주인'이라고 주장하는 주체사상을 버리지 못해서 헤롯처럼 주를 영접하지 못했다.

3부

억류 이전의
북한 선교

5장
먹이고 입히고
살게 하다

북한에서 보낸 5년

내가 북한 땅을 밟은 지 어느덧 21년이 되었다. 그동안 북한의 거의 모든 군(郡)을 다 지나다닌 것 같다. 내가 북한에 방문한 150번을 일주일씩만 계산해도 3년이다. 거기에 2년 7개월 9일을 더하면 5년 반 동안 북한에서 지냈다고 볼 수 있다.

하지만 나는 북한 주민들의 삶을 피상적으로 알았던 듯하다. "천리마, 만리마"라는 것도 구호로만 알고 있었다. 그러나 3년간 그 땅에서 농사를 지으면서 나는 그들이 겪는 고난에 동참할 수 있었다. 지금은 그곳에 살며 그들을 위해 매일 기도할 수 있었던 것이 너무 감사할 뿐이다.

손과 팔이 성치 않고, 아직도 몸에 후유증이 있지만 이조차 나의 성흔(聖痕)이 되었다. 악한 것까지도 선으로 바꿔주시는 은혜에 감사할 뿐이다.

　내가 북한에 억류되어 있는 동안 그곳도 많이 변했다. 너무나 시설이 열악했던 공항은 새로 지어서 국제공항으로서의 수치는 면하게 되었고, 고아원도 새로 짓고, 과학자 거리와 여명 거리도 만들었다.

　그들은 특히 여명 거리를 수없이 선전했다. 여명 거리를 인터넷에 올린 다음 어느 나라인 것 같으냐고 물었더니 많은 사람들이 "홍콩"이라고 대답했다며 자랑했다. 그곳이 어떻기에 그토록 자랑스러워하는지 궁금했는데 석방되어 나오면서 그곳을 지나게 되었다.

　여명 거리를 보면서 그들은 충분히 그렇게 느낄 수 있겠다는 생각을 했다. 사실 그런 아파트 단지는 한국에만 수백 곳이 넘을 것이다. 그들이 자랑하는 여명 거리, 과학자 거리, 문수 물놀이 장, 마식령 스키장, 경마장, 중앙동물원, 수족관 같은 것은 사실 자랑거리가 될 만한 것이 아니다. 웬만한 나라에는 수십 군데씩 있기 때문이다.

　하지만 인민들의 복지에 신경을 쓰기 시작한 것이 매우 고무적이다. 그럼에도 그런 시설들이 전부 평양에만 있어서 지방 사람들에겐 그림의 떡과 같다. 사용자도 대부분 평양 사람들이다.

　차라리 이런 것들은 자랑하지 않으면 더 좋을 뻔했다. 그런 것만 보여주면 누가 북한을 돕고, 고아들을 먹이려고 하며, 병원과

학교를 세워주려고 하겠는가. 그들은 스스로 계급의 차이를 확연히 보여주고 있다. 차라리 겸손하게 있는 그대로의 모습을 보여주고 국제 사회의 도움을 요청한다면 전 세계가 북한을 도울 것이다.

먼저 굶주린 백성들을 배불리 먹이고, 농촌을 지원하며, 현대식 장비를 지원한 다음에 전 세계가 북한에 투자할 수 있도록 개방하여 해외 자본을 유치하며, 에너지 개발 지원을 요청하면 많은 도움을 받을 수 있을 것이다.

특히 남한은 더 희생적으로 돕지 않겠는가. 성경에도 "형제는 위급한 때를 위하여 났느니라"(잠 17:17)라고 하셨기 때문이다.

동해 살리기 프로젝트

내가 수산업에 관심을 갖게 된 계기는 단순했다. 북한에서는 동해에서 고기가 잘 안 잡히는 이유가 중국 때문이라고 했다. 매년 2,500만 달러를 받고 중국에게 동해 조업권을 팔아먹은 것이다. 5년 계약을 했다고 들었는데, 약 3년 정도가 지났을 때 우리가 그 사실을 알게 되었다. 그때는 이미 동해가 바다의 사막으로 망가진 후였다.

중국 어선이 쌍끌이 작업으로 고기뿐 아니라 플랑크톤까지 모조리 잡아들여 바다가 사막화된 것을 스칸디나비아 연구원들이 조사로 밝혀냈다.

그래서 중국 배들을 쫓아내는 것을 조건으로 동해 살리기 프로젝트를 시작했다. 우리의 요구가 쉽게 받아들여져서 작업이 곧 시작되었다. 큰 배 2대를 사고, 작은 배 50대의 원동기를 갈아주었다. 잠수복도 수십 벌 사주고 그 외에도 많은 장비들을 사다 주었다. 그 일을 위해 여러 형제들이 뛰어다녔다.

홍콩에 가서 배 회사 등록을 하고, 부산에 가서 장비를 사고, 상해로 배를 끌고 와서 선장 25명을 초청하여 3개월 가까이 훈련시켰다. 그리고 배를 북한으로 들여보냈다.

북한 정부에서는 역도산의 고향으로 널리 알려진 홍원을 어장으로 내어주었다. 처음에는 많이 서툴렀지만 점차 고기를 많이 잡게 되면서 수산업을 확장했다.

가장 큰 소득은 홍게잡이였는데, 홍게는 주로 청진에서 잡혔다. 청진은 대륙붕이 거의 없는 심해여서 바다 깊이가 갑자기 2,000미터까지 깊어진다. 그 밑에 게가 있는데 어구가 없어서 못 잡고 있었던 것이다. 게드레를 3,600개 만들어달라고 하기에 부산에 가서 알아보니 밧줄 값만 해도 수십만 달러였다. 하지만 우리는 약속을 지켰고, 그들은 신나게 일했다.

게드레 그물을 지키는 배가 5대씩 바다에 떠서 지키고 있었다 (밧줄을 훔쳐가는 사람들이 있었으므로). 그러면 이틀 동안 20톤 이상의 홍게를 잡았다.

우리는 잡은 게를 트럭 4-5대에 나눠 싣고 중국에 팔아서 수

중국 배들을 쫓아내는 것을 조건으로 동해 살리기 프로젝트를 시작했다.
우리의 요구가 쉽게 받아들여져서 작업이 곧 시작되었다.

산 사업을 확장했고, 수산 사업소에서 일하는 사람들에게 양식을 지원했다.

북한 주민들에게 먹고 사는 법을 가르치는 동시에 동해를 살리자는 것이 수산 사업의 목적이었다. 그 과정에서 어려운 일도 많았다. 당시 캐나다로 이민 온 한국의 베테랑 선장이 우리 교회에 등록을 했다. 그가 북한에 가서 선박 운영법과 고기 잡는 법을 가르쳐주려고 했는데, 외국인은 바다에 들어갈 수 없다는 북한의 법 때문에 불가능했다.

선장과 갑판장과 기관장이 삼위일체가 되어야 고기를 많이 잡을 수 있는데, 그 기계를 작동하는 훈련 과정이 적어도 2년 이상 걸린다고 했다. 그러나 북한 정부가 결단을 못 내리는 바람에 좋은 기회를 놓치고 말았다.

고기 떼의 향방과 물고기 숫자까지도 파악할 수 있는 최고의 수중 탐지 장치가 달린 두 척의 큰 배로 그물을 1,000미터가량 펼치면 제법 많은 고기를 잡을 수 있었지만 아쉬움이 남았다. 이런 것들이 북한 사역의 한계라고 할 수 있다.

북한에서 잡히는 털게는 그 맛이 일품이다. 싱싱한 털게를 먹어본 사람은 다른 게를 먹지 못할 정도다. 물고기들은 북쪽으로 올라갈수록 육질이 좋고 맛도 좋다.

동해는 오염이 없는 청정지대여서 몇 년만 정성을 기울이면 충분히 회복될 수 있다. 이 문제도 통일이 되어야 근본적으로 해결될 것이다. 동해는 러시아의 베링해로 연결되고 오징어를 비롯한 여러 물고기들이 회귀성을 가지고 돌아오기 때문에 질이 좋은 고기를 많이 잡을 수 있다. 통일이 오면 남북의 백성들은 싱싱한 물고기를 실컷 먹게 될 것이다. 그날이 오면….

논이 된 호수

북한 사역 중 가장 재미있었던 것이 농촌 지원 사역이었다. 한번은 농업 관계자들이 특별한 요청을 해왔다. 함경북도 꼭대기에 큰 호수가 다섯 개 정도 있는데, 그 중 하나의 물을 빼고 논으로 만들어달라고 했다. 그런데 그 호수는 바다와 연결되어 있어서 완전한 민물이 아니고 소금기가 많다는 문제가 있었다.

나는 남한의 농촌 진흥청을 찾아가서 의논했다. 남한의 농사 전문가들은 모두 부정적인 의견을 내놓았다. 소금기를 0.6퍼센트 이하로 줄이지 않으면 농사가 불가능하다고 했다.

남한에서는 서산만을 막아 땅을 만든 지 20년이 지났어도 아직 농사를 못 짓고 있다고 했다. 나는 전문가들의 의견을 무시할 수가 없어서 북한의 전문가들에게 그대로 전했다. 그랬더니 그들은 더욱 더 적극적으로 나왔다.

"우리가 최선을 다해서 소금기를 0.6퍼센트 이하로 낮추겠으니 제발 도와주시오."

그 말을 듣자 믿음이 생겼다. 북한 주민들의 간곡한 요청과 열정에 감동이 되어서 일단 진행해보기로 했다. 대형 양수기를 여러 대 설치하고 1년 내내 호수 물을 뽑았더니 밑바닥이 드러났다.

수많은 사람들이 소금기 제거 작업에 힘을 쏟았다. 마침내 호수는 1,000정보의 거대한 논이 되어 눈앞에 펼쳐졌다. 6월에 모내기를 하고 9월 말에 다시 그곳을 찾았더니 볏잎이 새파랗게 출렁이고 벼가 누렇게 익어가고 있었다. 믿어지지 않을 정도로 황홀한 풍경이었다.

얼마나 기뻤던지 나도 모르게 "할렐루야!"를 외쳤더니 나를 따라온 북한 사람들도 함께 "할렐루야"라고 했다. 그들이 할렐루야를 외치게 된 것은, 우리가 심은 블루베리 이름이 "할렐루야 블루베리"여서 익숙했기 때문이다.

"할렐루야 블루베리는 언제 옵니까? 할렐루야 블루베리를 우리에게도 주세요."

그러다가 그들이 "할렐루야"가 무슨 뜻이냐고 물으면 대답을 해주면서 자연스럽게 복음을 전할 수 있었다. 당시 함경북도 사람들은 우리에게 절대적인 도움을 받고 있었을 뿐 아니라 마음이 많이 열려있어서 복음을 전할 수 있었다.

그해 농사는 큰 기대를 하지 않았다. 잘해야 1정보에 1톤 정도의 소출이 나올 것이라고 생각했다. 그런데 1정보에 5톤이나 생산되었다. 우리의 기대보다 5배나 더 많은 수확을 거둔 것이다. 하나님의 은혜에 감사했다. 쌀을 보면서 감사의 고백이 저절로 나왔다.

'이런 식으로 농촌 지원 사업이 계속된다면 더 이상 굶어 죽는 슬픔이 계속되지는 않으리라….'

블루베리 사업

많은 시행착오를 겪은 사역으로 블루베리 사업을 들 수 있다. 우리가 이 일을 시작하게 된 배경은 북한 주민들에게 고소득 작물 심는 법을 가르치자는 생각에서였다. 이 아이디어를 낸 분은 김호진 장로님이었다. 그 분은 몸이 불편하면서도 북한 백성들에 대한 열정이 커서 나를 도와 많은 일을 시도하셨다. 비록 실패를 많이 했지만 그 시도들은 큰 공부가 되었다.

그 중에 하나가 블루베리 사업이다. 논밭에 옥수수와 감자를 심으면 에이커당 900달러 정도의 소득을 얻었지만 특수 작물을 잘 키우면 20배 이상의 소득을 올릴 수 있기에 고소득 작물인 블루베리를 심기로 했다.

처음에는 백두산에 즐비한 야생 블루베리를 따서 즙을 만들어 남한으로 수출했다. 혜산고등학교 학생들 수백 명을 동원해서 하루에 밥을 5끼씩 먹이면서 블루베리를 따게 했다. 북한에서는 그것을 '들쭉이'라는 이름으로 불러서 야생 블루베리라는 것을 뒤늦게 알았다.

그 일은 어려운 가운데서도 잘 진행되었다. 수확한 블루베리

논이 된 호수

고소득 작물 블루베리

는 남한으로 보내서 6만 병의 즙을 만들어 팔기도 했다. 그러나 남북 관계가 경색되면서 아무것도 진행할 수가 없었다. 블루베리는 엄청난 예산을 들여 가공 공장을 만들어야 돈을 벌 수 있는데, 아무도 불안한 북한에 투자하지 않았다.

금강산 관광 같은 엄청난 프로젝트도 하루아침에 올스톱되고, 개성 공단도 정치적으로 문제만 생기면 문을 닫았다. 그러는 가운데 블루베리 나무 70만 주를 심었고, 비타민 나무도 수십만 그루를 심었다. 그 외에 나무 심기 운동도 전개했다.

뉴욕 월가에서 큰 사업을 하던 빌 황(Bill Hwang)이라는 형제와 그 팀이 많은 도움을 주어서 이 일을 시작할 수 있었다. 그런데 블루베리는 많이 심어놓았는데 관리 감독이 잘 안 되었다. 공산주의 사회에서 오랫동안 살아온 습관 때문에 아무리 강조해도 주인의식을 가지고 밭을 지키는 사람이 없었다.

게다가 가공 공장 투자에 관심을 보이는 사람은 많았지만 북한 정부를 믿지 못해서 선뜻 결단하는 사람도 없었다. 우리도 마음 놓고 투자하라고 말할 수 없었다.

3년이 지나니 블루베리가 열매를 맺기 시작했다. 농장에 가보니 동네 사람들이 너도 나도 들어와 자기 것처럼 따 먹고 있었다. 밤에도 관리가 안 되었고, 소와 말이 마음대로 밟고 다니며 밭을 다 망가뜨려 놓기도 했다.

이 사업 실패의 경험을 바탕으로 관리가 제대로 안 되는 것이 가장 큰 문제이고, 남북 관계 개선이 급선무라는 것을 배웠다.

옥수수 종자 보내기 작전

식량 문제를 해결하려면 땅이 좋아야 하고, 유기질 비료도 필요하지만 더욱 중요한 것은 곡물의 종자다. 전 세계가 종자 개발에 박차를 가하여 엄청난 발전을 이루었지만 북한은 재래종으로 버티고 있다.

곡물뿐만 아니라 닭이나 돼지, 염소도 마찬가지다. 종자가 나쁘면 생산량이 줄어들기 때문에 경쟁력이 약해진다. 그래서 우리는 함경북도와 가까운 중국 땅에서 개발된 옥수수 종자를 북한에 보내기로 했다. 중국은 우리 생각보다도 종자 개발이 앞서 있었다.

중국은 북한과 농사 여건이 비슷하기에 우리는 조선족이 운영하는 종자 회사를 찾아내어 북한에 보낼 방법을 궁리했다. 종자는 함부로 보낼 수가 없기 때문이다. 어느 나라든 자기 나라의 종자를 외국에 보내는 것은 금지되어 있다.

그런데 조선족도 우리와 같은 민족이라서 마음이 통했다. 조선족 주인이 종자를 일반 옥수수 부대에 넣어서 보내주기로 했다. 30톤 정도의 종자를 그렇게 보내주어서 우리가 트럭을 직접 끌고 북한에 들어가는 데 성공했다. 농사짓는 사람들은 그것이 얼마나 귀한지 알기에 너무나 고마워했다.

그렇게 여러 번 좋은 종자를 북한에 들여보냈고, 남한의 농촌진흥청에서 보내준 종자, 강원도 원주시 협동조합에서 개발한 콩류의 종자도 전해주었다.

선봉에서 농촌 관리 위원장을 하는 형제가 특히 기뻐했고, 박사 연구원도 고마워했다. 우리는 그들을 도와서 북한 농업을 지원했다. 아마도 그 좋은 종자들이 전국적으로 번져가게 될 것이다. 그들은 국가적으로도 인정을 받아 북한 중앙TV에 나와서 인터뷰를 하기도 했다.

남북 관계가 개선되면 우선 농촌을 지원해야 한다. 북한 주민들은 농사를 잘 짓는다. 하지만 지원 사업이 절실하다. 자연 농법과 종자 개발도 도와주어야 하고, IT를 이용한 현대적 농사법도 부지런히 가르쳐주어야 한다.

하나 농업회사

외국인 합작 투자회사를 하면 나진에서 살 수 있는 거류증을 준다. 거류증은 영주권과 같은 개념이지만 6개월에 한 번씩 돈을 내고 연장을 해야 한다.

우리는 그동안 북한에 지원한 사업이 많아서 큰 투자로 인정받아 "하나 농업"이라는 회사를 만들 수 있었다. 그러기까지는 우여곡절이 많았다. 이 일을 하는 데는 앞서 언급한 김호진 장로의 역할이 컸다. 나는 그에게 모든 것을 맡겼다. 그는 일을 추진하는 능력이 있었다. 불편한 몸을 이끌고 100번 이상 북한 땅을

밟은 것 같다. 그러나 북한 내부의 사정을 파악하지 못해 어려움
도 여러 번 겪었다.

그러는 과정에 하나 농업회사가 정식으로 인정받아 나는 거류
증만 있으면 북한의 안내 없이 나진 선봉 지역을 마음껏 다닐 수
있었다. 회사에는 10여 명의 직원을 두었고, 현지인 사장과 부기
(회계) 등이 일했다. 회사는 가공업, 수출업, 물고기 사업, 농업,
주유소 등의 사업을 할 수 있는 허가를 받고 있었다(지금도 그 사
업은 정리가 되지 않은 상태이다).

나는 직원들에게 최선을 다했다. 그들의 가족이라도 넉넉히 먹
고 살 수 있도록 도왔다. 착한 직원들은 열심히 일했다. 식당을
만들어 부지런히 사업을 했고, 농사를 지었으며, 블루베리 농장
도 경영했고, 호수를 논으로 만드는 거대한 사업도 감당했다. 목
욕탕 건설에도 참여했으며 여러 가지 지원 사업에도 힘썼다.

감자와 옥수수를 지원하여 고아들과 초등학생들을 먹였으며,
여러 곳에 탁아소를 건설했고, 양로원을 세 군데 건설했고, 양식
과 옷을 지원했다. 그러는 가운데 직원들은 우리와 가까워져서
믿고 잘 따라주었다. 그들은 내가 목사인 것과 나와 함께 다니
는 수많은 사람들이 크리스천임을 알고 있었다.

그들은 점차 마음에 감동을 받았다. 무엇 때문에 자기들을 돕
는지 의아해하던 사람들은 우리가 하나님의 사랑을 실천하는 순
수한 마음으로 돕는다는 사실을 인정했다.

그 후 그들은 우리가 하는 일들을 진심으로 도우며 감사한 마

음을 표현했다. 우리도 실수함 없이 그들을 사랑으로 섬겼다. 거의 모든 나진 선봉의 관리들이 우리를 소문으로 알게 되었다. 세관원들도, 출입국 관리소 직원들도 우리에게 친절했다.

사랑이 그들의 마음문을 열었다. 아마도 나진의 주민 대다수의 마음밭이 기경되었다고 생각한다. 웬만한 지원 사업은 죄다 크리스천들이 들어와서 운영하고 있다는 것을 모르는 사람이 없을 것이다.

오랫동안 많은 사람들이 꾸준히 그들을 잘 섬겨왔다. 거의 실수하는 일도 없었다. 하나 농업이 나진 선봉 지역의 한 모델처럼 개발되고 발전되기를 바랄 뿐이다.

황주 국수 공장 운영

황주 국수 공장은 우리 교회에서 가장 처음 한 식량 지원 사업이었다. 이 일은 처음부터 순조롭지 않았다. 북한 당국자들은 우선 평양에 공장을 세워달라고 요청했다. 그러나 우리는 평양보다 지방 사람들의 식량 문제가 더 시급하다고 생각했기에 지방을 고집했다.

우리는 함흥을 고집했지만 여러 가지 사정으로 인해 이루어지지 않았고, 3일 동안 밥도 안 먹고 투쟁한 덕분에 황주로 결정이 났다. 일주일 일정으로 북한 방문을 했는데 그곳을 떠나기 이틀 전에 극적으로 합의를 보았다.

황주에 도착하던 날 밤에 본 주민들의 모습이 너무도 비참했다. 얼마나 굶었는지 정상적인 사람의 얼굴이 아니었다. 얼굴은 시커멓고 몸은 바짝 말랐으며, 모두 힘이 없어 보였다. 가련하기 짝이 없었다.

'그리도 유명했던 사과의 고장이 이렇게 굶고 있다니.'

주민 대표들과 계약을 한 다음 황주를 자주 방문하며 국수 기계를 사주고, 매달 밀가루를 들여보냈다. 아무 조건도 달지 않았고, 어떤 것도 요청하지 않았다. 모두가 배고프기에 누구에게 먼저 주라고 할 수도 없었다. 그러나 그들 스스로 아이들부터 먹이는 것을 보았다.

우리는 한 번도 북한에 쌀을 보내지 않고 강냉이만 보냈다. 그래야 다른 곳으로 보내지 않기 때문이었다. 강냉이를 적게는 100톤에서부터 많게는 10,000톤까지 여러 지역, 여러 계층으로 보냈다. 그러나 국수 공장에는 밀가루를 보낼 수밖에 없었다. 우리는 수년 동안 밀가루를 매달 100-200톤씩 지원했다. 그러나 그 정도로는 부족하다고 생각하던 중 참사 한 사람의 제안으로 대동강 즉석국수(라면) 공장을 인수하게 됐다.

공장은 약간 버거울 정도로 규모가 컸다. 황주 국수 공장과는 비교도 되지 않았다. 그러나 더 많은 사람들을 먹이기에 적합했다. 우리는 밀가루와 공장 직원들을 공급하는 한편 라면 스프

황주 국수 공장

대동강 즉석국수

개발에 들어갔다.

라면을 만드는 밀가루는 최상급을 사용해야 한다. 일등품도 아닌 특등품을 써야 라면 반죽 질이 떨어지지 않는다. 공장을 풀 가동하면 하루에 6만 개 정도 만들 수 있지만, 여러 가지 사정으로 매일 4만 개씩 만들었다. 한 조에 20여 명의 여자들이 종일 수고했다. 당시만 해도 식량난에 시달릴 때였기에 사람들은 라면 공장에서 일하는 걸 좋아했다. 최소한 라면은 실컷 먹을 수 있었기 때문이다.

만들어진 라면은 상점에서 팔 수도 있었지만 우리는 한 개도 팔지 않고 아이들에게 무상 급식으로 나누어주었다. 평양 근교 초등학교와 사리원을 비롯한 여러 고아원의 급식으로 라면이 전해졌다. 담당자들은 매우 고마워했으며 특히 사리원의 상업부장은 언제나 감사를 표했다.

몇 년 동안 라면 공장의 기계는 쉬지 않고 돌아갔다. 그래서 평양은 물론 사리원까지 이 라면을 모르는 사람이 거의 없었다.

자강도 희천 발전소 양식 지원

나는 자강도에 희천 발전소를 건설한다는 말을 듣고 북한 전력난이 빨리 해결됐으면 좋겠다고 생각했다. 또 그곳에서 일하는 5만 명의 노동자를 돕고 싶었다.

마침 길이 열려 아무도 들여보내지 않는다는 희천 발전소를 방문한 적이 있다. 현장은 대단했다. 셀 수 없이 많은 사람들이 전국에서 벌떼처럼 몰려와 피땀을 흘리며 일했다. 사투를 벌이는 중노동 현장이었다.

그곳의 노동자들을 위해 강냉이 5,000톤을 기증했다. 또 이랜드의 도움을 받아 중국에서 감자 농사를 지어 마식령 스키장 현장의 노동자들에게 5,000톤 정도를 보낸 적도 있다. 이 일은 박영권 선교사가 감당해주었다.

극심한 가뭄으로 해주 사람들이 굶고 있다는 말을 들었을 때는 4,500톤의 강냉이를 배에 싣고 해주항으로 날랐고, 신의주에 홍수가 났을 때도 식량을 도와주었다. 30만 달러 상당의 어린이 영양식도 몇 컨테이너씩 보냈다.

이는 많은 단체와 개인이 협력해주었기에 가능했다. 나와 우리 교회는 심부름만 했을 뿐, 모든 것이 하나님의 은혜이며 기적이었다. 귀한 분들의 헌신과 주의 은혜가 아니면 불가능한 일이었다.

20억 원어치의 라면을 보내다

2012년경 북한에 다시 어려움이 찾아왔다. 가뭄과 홍수와 해일로 어려움을 당해 100만 명 정도가 굶주린다는 국제 구호단체의 보고를 받았다. LA에서 장도원 회장과 점심을 먹으면서 그 이야기를 했더니 그가 선뜻 돕자고 했다.

당시에는 중국도 어려워서 돈이 있어도 양식을 살 수 없었다. 쿼터제까지 생겨서 대량으로 식량을 살 방법이 없었다. 고민 끝에 라면을 보내기로 했다.

세계에서 가장 큰 라면 공장이 중국 심양의 농심 공장이라고 하기에 시급하게 조직을 했다. 1개월간 수출을 중단하고 생산된 라면 전부를 북한에 보내기로 업체와 협의하고 약 20억을 지불했다. 그것을 1,000대가 넘는 트럭에 실어 북한 각 지역으로 보냈다. 트럭이 줄줄이 들어가는 모습이 장관이었다.

그러는 과정에 어처구니없는 일이 벌어졌다. 우리는 이 지원 사업의 기부자가 장도원 회장이라고 분명히 알렸고, 그들은 국가적인 차원의 도움을 받으면서 고마움을 표현했다. 그런데 막상 북한 땅을 밟으려고 하는 순간, 장 회장은 들어올 수가 없다며 막아섰다(이후에는 입국 금지가 풀려 장 회장과 여러 번 북한을 방문할 수 있었다).

그 이유는 그의 삼촌이 장도영(육군 참모총장, 국방부 장관 역임)이기 때문이라고 했다. 신의주 학생 사건(1945년 11월 23일 평안북도 신의주에서 일어난 학생들의 반공 투쟁 사건) 당시 장도영 씨가 주동이 되어 김일성 장군을 대적했다면서. 결국 그때 장 회장은 북한 땅을 밟지 못했지만 양식은 다 보내주었다. 당시는 매우 황당했지만 후에 내가 북한 구치소에 있을 때(2015년 2월경) 〈민족과 운명〉이라는 영화를 보면서 그 이유를 알게 되었다.

1945년에 김일성의 공산화 정책에 반대하고, 우리나라의 수력 발전소 장비를 소련 군인들이 떼어가는 것에 반대해서 학생들이 데모를 했는데 당시 주동자가 장도영 씨라는 것이다. 그때 데모를 했던 사람들 대부분이 기독교인이었다고 한다.

그래서 그 영화에서는 기독교인을 아주 형편없는 사람들로 묘사하여 조롱할 뿐 아니라 장도영 씨를 민족의 반역자로 만들어 놓았다.

북한에서는 일단 수령을 대적하면 그가 누구든 철천지원수처럼 여기는 '수령 절대숭배' 문화가 있다. 여기에 걸리면 아무리 좋은 일을 많이 해도 소용이 없고, 오히려 좋은 일이 인민과 수령 사이를 갈라놓았다면서 '국가 전복 음모 죄'를 덮어씌운다.

죽음의 계곡 마천령을 넘다

북한 땅을 수없이 밟는 중에 죽음의 위기를 실제로 느끼면서 넘었던 산이 마천령이다. 이 산은 함경북도 김책과 함경남도 단천 경계에 있는 높은 협곡이다. 운전기사들 사이에서는 '생사의 경계선'이라고 불릴 정도로 위험하고, 실제로도 대형 사고가 빈번히 일어나 수십 명이 사망한 적도 있다.

2013년 3월에 장도원 회장과 나는 마천령을 넘어 청진에 다녀왔다. 청진에서 많은 사람들이 굶어 죽는다는 얘기를 듣고 가만히 있을 수가 없었던 것이다. 강냉이 4,500톤을 중국에서 실어 보내고 우리도 평양에서 청진으로 이동했다. 강냉이가 잘 도착했는지 확인해야 했기 때문이다.

청진에 잠깐 다녀오는 것이 나흘이나 걸렸다. 갈 때 이틀, 올 때 이틀이 꼬박 소요되었다. 3월 초였지만 눈이 다 녹지 않아서 길이 미끄러웠다. 평지는 그런대로 괜찮았지만 산이 문제였다.

북한 당국에서도 우리가 하도 조르니까 허락은 했지만 맘을 놓지 못해 최고의 베테랑 운전수를 보내주었다. 산 밑을 바라보면 아찔할 정도로 끝이 보이지 않는 낭떠러지가 계속되었다. 그러다가 산꼭대기에서 흙 밑에 가려진 얼음에 차가 미끄러지기 시작했다.

얼마나 아찔했던지 차를 탈 용기가 나지 않아서 우리는 한동안 그 산길을 걸어갔다. 나중에 평양에 돌아온 후 운전수 아바이(나이 든 어른 호칭)는 평생 그렇게 힘든 운전은 처음이었다며 "나만 죽으라고 혼자만 운전을 시키고 자기들은 걸어갔다"는 농담 아닌 농담을 하기도 했다.

마천령을 넘어 청진에 가서 강냉이가 도착한 것을 확인했다. 그날 밤 청진 여관에서 자는데 난방이 안 되어서 얼마나 떨면서 잤는지 모른다. 우리는 불과 하룻밤이지만, 너무도 춥고 긴 겨울을 떨면서 보낼 청진 주민들이 걱정스러웠다.

어떤 때는 후회가 되기도 했다.

'이렇게 고생할 필요가 있을까? 이러다가 죽으면 무슨 의미가 있겠는가?' 그렇지만 생명은 하나님께 달린 것이기에 "사명이 있는 한 죽지 않는다"는 리빙스턴(David Livingstone)의 말처럼 우리는 목숨도 내어놓고 북한 땅을 밟았다.

북한은 겨울에 눈이 많이 내린다. 그러면 주민들이 모두 나와 맡은 구역의 눈을 치운다. 그래서 나는 그들의 모습을 적나라하게 볼 수 있었다. 북한 주민들이 입고 있는 옷, 손에 든 장비, 일하는 모습이 우리에겐 신기하게 느껴졌다. 눈 치우는 장비라는 게 열악하기 짝이 없어서 눈이 조금만 내려도 동서의 교통이 마비되기 일쑤였다.

먹을 것도, 기름도, 난방 시설도 없이 어떻게 겨울을 보내는지 걱정스러울 따름이었으나 그들은 강한 정신력으로 열악한 상황을 극복하며 살고 있었다.

고아 10,350명 먹이고 입히고 신기고

내가 북한에서 가장 오랫동안 최선을 다했던 일은 고아 사역이다. 가장 관심이 많았고, 투자도 많이 했다. 하나님은 "고아와 과부의 하나님"이라고 성경이 선포하고 있기 때문이다.

하나님은 고아의 아버지이시다. '고아의 아버지'라 불렸던 조지 뮬러(George Mueller)는 누구보다도 확실한 하나님의 사람이었다. 하나님께서는 그분을 닮았던 그에게 온 세상이 놀랄 만큼 엄청난 기도 응답의 축복을 베풀어주셨다.

한없이 부족한 말미의 종이었던 나도 고아들을 한없이 사랑하시는 하나님을 수없이 체험했다. 그분의 공급하심을 내 눈으로 분명히 보았다. 고아 사역에 재정이 필요할 때마다 하나님께서 아시고 사람들의 마음을 움직여 필요를 공급해주셨다.

내가 10만 달러가 필요하다고 생각만 해도 하나님께서는 누군가를 통해 보내주셨고, 20만 달러가 필요할 때는 꼭 그만큼 보내주셨다.

10년이 지나자 고아 사역이 큰 규모로 불어났다. 우리 교회도 이 사역에 전념했다. 우리는 10,350명이나 되는 고아들을 책임지고 먹이고 입히고 행복하게 해주겠다는 메시지를 관계자들에게 전달했고, 북한의 관리들은 우리의 말을 믿고 받아주었다.

우리는 애육원부터 고등학원까지 수많은 고아들을 만나러 전국을 다녔다. 평양을 출발해서 옛날 사과의 고장인 황주를 거쳐 다시 사리원까지 그리고 서쪽으로 내 어머니의 고향 해주까지, 동쪽으로는 원산까지 많이 다녔다.

그러다가 함흥까지 사역이 확장되었다. 나는 개인적으로 이 도시에 특별한 인연도 없었고, 별 매력도 느끼지 못했다. 그런데 돌아보니 그곳은 나와 관련이 많은 도시였다.

1973년 여름, 어떤 집회에서 내가 헌신을 다짐하며 촛불을 꽂은 곳이 함흥이었다. 이후 24년 동안 북한을 위한 기도를 드릴 때면 우선적으로 함흥을 위해 중보기도를 했다.

북한의 고아들이 꼭 예수님 같다는 생각이 든 적도 있다.
예수님이 고아의 모습으로 내게 찾아오신 것 같았다.
그래서 그들을 더 사랑했다.

그러던 중 나는 캐나다로 오게 되었다. 1995년 북한에 대홍수가 나면서 '큰물 피해 대책본부'가 결성되었고, 그들이 캐나다에 도움을 요청해왔다. 그때 토론토의 목사님들이 대표단을 꾸려 북한을 방문했는데, 김인철 목사님이 상의도 없이 나를 그 명단에 넣은 것이 계기가 되어 처음으로 북한을 방문하게 되었다.

나중에 호적 초본을 보고 내 할아버지의 고향이 함흥임을 알게 되었다. 함흥은 초기 선교사들이 우리나라에 들어와서 사역할 때 분할 선교 정책으로 캐나다 선교사님들이 활동한 도시였다. 이런 사실을 알게 되면서 나는 함흥을 주목하며 애착을 갖게 되었고, 가장 열악한 고아원까지 가게 되었다.

어떤 때는 북한의 고아들이 꼭 예수님 같다는 생각이 든 적도 있다. 예수님이 고아의 모습으로 내게 찾아오신 것 같았다. 그래서 그들을 더 사랑했다.

고아원 사역에는 우리 교우들이 대부분 동참했고, 토론토의 여러 교회와 LA의 또감사교회도 열심히 참여했다. 그 교회에는 LA 자바 시장(미국 최대 규모의 의류시장)에서 사업하는 분들이 많았다. 그들은 정말 헌신적으로 이 사역에 동참했다. 재정적인 지원은 물론이고 직접 찾아와 북한의 고아들을 품어주었다.

인천의 서부교회도 몇 년 동안 꾸준히 고아들을 먹이는 사업에 이름도 없이 빛도 없이 동참해주었다. 그 교회 목사님은 선한 기도의 사람이었다. 자기들이 북한에 들어가지는 못하지만 대신 고아들을 먹여달라고 부탁했다. 가장 지혜롭고 효과적으로 북한 사역을 도운 교회라고 생각한다.

내가 못하면 신뢰할 만한 단체를 도와주면 된다. 그러나 많은 교회들이 이름이 드러나지 않으면 헌금을 하지 않는 경향이 있다. 중요한 것은 더 많은 고아들을 먹이고, 그들이 영양 부족으로 죽지 않도록 돕는 것이다. 은밀한 중에 보시는 하나님께서 은밀한 중에 갚으신다는 것을 믿는다면 아름다운 동역이 더 많이 이루어질 줄 믿는다.

이불 보내기 운동

고난의 행군이 가져온 가장 큰 어려움은 식량난이었지만 그 못지않게 필요한 것이 의복과 이불이었다. 겨울철 난방이 잘 안 돼서 이불이라도 좋은 것이 필요했다.

그래서 연길에서 이불 공장을 하는 이명숙 사장에게 도움을 청했다. 이 사장은 열정과 애국심이 뛰어나 우리 일을 열심히 도왔다. 우리와 함께 북한에 수십 번 들어가서 이불 지원 사업을 해주었다.

우리는 이 사장의 공장에서 원가에 약간 더 보탠 금액으로 이불을 만들었다. 처음엔 5,000개, 나중에는 10,000개씩 만들어 진공기로 압축시켜 트럭에 싣고 북한으로 날랐다. 추운 겨울에 우리 일행은 트럭을 따라가며 함경북도를 중심으로 고아들과 주

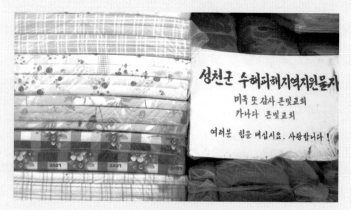

이불 지원 사업

민들에게 이불을 지원해주었다.

한번은 평양의 제일중학교라는 수재(秀才) 학교를 방문하게 되었는데, 당시 교장이 나를 안내하던 형제와 김일성대학 동창이라며 도움을 요청해왔다. 그 학교는 전교생 1,200명의 학생들 가운데 300명이 지방에서 올라와 기숙사 생활을 하고 있었다.

우리는 숙소가 매우 열악한 데다 학생들이 덮고 자는 이불이 너무 얇아서 겨울을 힘들게 나는 것을 보고 이불을 보내주기로 약속했다.

나는 학생들이 마음에 걸려 중국에 나오자마자 시장에 가서 가장 좋은 담요를 300장 샀다. 중국에서 만든 것 가운데 가장 두껍고 따뜻한 담요였다. 그리고 곧바로 이불을 기숙사로 보냈다. 따뜻한 이불을 덮고 자면서 학생들이 하나님의 사랑을 조금이라도 느꼈으면 좋겠다는 생각으로.

6장

배우고 익히고
누리게 하다

컴퓨터 검안기와 안경 80만 개

우리는 북한을 방문할 때 기도하면서 교회에 광고하여 단기선교
팀을 모집했다. 그러다 5명이든 50명이든 모이면 팀을 이루어 대
략 7-14일의 일정으로 북한을 향해 떠났다.

그렇게 해서 150차례의 북한 방문이 이루어졌다. 수백 명의 성
도들이 북한 사역에 참여했고, 이 사역을 후원하는 서포트 그룹
이 되었다. 그들 중에서 북방 선교사도 여럿 나왔다.

우리 교회에서 초창기에 벌인 사역 가운데 안경 프로젝트가 있
다. 김만옥 집사는 안경 전문가였다. 그는 전문가로서 볼 때 북
한 사람들의 눈 상태가 심각하다며 내게 안경 사역을 제안했다.

수소문 결과 LA에서 안경점을 하는 한 장로님이 안경 3,000개
를 기부하여 사역이 시작되었다. 1997년경 컴퓨터 검안기 한 대

를 사가지고 북한에 들어가자 북한 안경 기술자들 사이에서 일
대 센세이션이 일어났다. 김만옥 집사님은 평양 안경 기술자와
직원 600명가량을 모아놓고 장비 사용법을 가르쳤다. 컴퓨터에
생소한 그들에게는 첨단장비였기 때문이다. 이 검안 기술을 가르
치기 위해 2박 3일씩 세미나를 계속했다.

그리고 김일성대학에서 석박사 과정을 공부하는 학생들에게
우선적으로 혜택을 주었다. 직접 전도하기는 힘들었지만 "이 안
경은 교회에서 당신들에게 무료로 주는 것"이라고는 말할 수 있
었다. 교회에 대한 좋은 인상을 심어주어서 나중에 복음을 쉽게
받아들일 수 있도록 마음밭을 기경하는 작업이었다.

안경 사역은 한동안 영향력을 발휘하여 소문을 듣고 수많은
사람들이 몰려들었다. 그러는 가운데 미국의 킹스 파머시(Kings
Pharmacy) 대표인 그레고리 씨가 내게 연락을 주었다. 40만 개의
안경을 모아놓았으니 가져가라고.

나는 너무 기뻐서 당장 버지니아로 달려갔다. 그의 창고에 안
경이 가득했다. 70퍼센트는 유행이 지난 새 안경이었고, 나머지
는 라이온스 클럽에서 기부를 받아 모아둔 것이었다(미국 사람들
은 안경을 바꿀 때 깨끗이 세척한 다음, 안경 도수를 적어서 라이온스
클럽에 기부한다).

우리는 수만 불을 지불하고 안경을 컨테이너에 실어 북한으로
보냈다. 그 후에 또 40만 개를 기부받아 북한에 보냈다. 그렇게
안경 80만 개가 북한 땅에 보내졌다. 한때 평양에서 많은 주민

들이 쓰고 다니던 안경이 그것이다. 자기 눈이 얼마나 나쁜지도 모르던 사람들에게 안경 사역으로 많은 도움을 주었다.

2,000명 목욕탕

김수열 나진 위원장과는 17년이나 친분을 쌓았다. 그가 아주 소박하고 겸손한 일꾼이어서 그를 도와서 많은 사역을 했다. 하루는 그가 같이 식사하면서 2,000명이 목욕할 수 있는 목욕탕을 지어달라고 했다.

북한 사람들은 목욕을 제대로 못하기 때문에 여러 가지 병이 많다. 위생이 좋지 않기 때문이다. 처음에는 아이디어가 없었으나 중국에 알아보니 그런 목욕탕이 있었다. 나는 그곳을 직접 방문해봤다. 여탕 1,000명, 남탕 1,000명이 이용 가능한 어마어마한 크기의 목욕탕이었다. 그곳을 모델로 건설을 시작했다.

시멘트를 사고, 벽돌을 만든 다음 기초 공사를 시작했지만 북한 노동자들은 일할 줄을 몰랐다. 전문가도 없고, 일할 힘도 없고, 자기 일처럼 하는 사람도 없었다. 대충 눈가림식으로 시간을 때우며 형식적으로 일했다. 그러면서 돈은 철저히 요구했다.

결국 2층까지 짓는 데 2년이 걸렸다. 김 위원장이 은퇴하고 후임이 바뀌는 바람에 건설이 한동안 중단되기도 했다. 그러다가 장성택 사건이 일어나면서 우리에게 못되게 굴던 사람들이 잡혀

가게 되며 다시 공사가 진행되었다. 우리가 지쳐서 고전하는 사이에 중국 기업이 합세하면서 어렵게 목욕탕이 완성되었다. 어쨌든 나는 인민들이 목욕할 수 있게 된 것이 기뻤다.

우리는 모든 것을 나진시에 맡겼다. 지금 목욕탕은 잘 운영되고 있다. 인민들에게 돈을 받지 않고 누구나 와서 목욕하도록 해주면 좋겠는데 어쩔 수 없이 돈을 받는 것이 아쉬움으로 남는다. 과정은 어려웠지만 이 목욕탕은 나진의 명물이 되었다.

숭어탕 집 때문에 못 이룬 호텔 사업

평양의 대동강호텔을 인수하여 최고급 호텔로 만들고, 컨벤션 센터를 지어 국제회의도 하고, 국제 교회를 만들어 외국인들이 예배드릴 수 있게 하는 조건으로 협상이 시작되었다.

재정은 장도원 장로님이 대부분 담당하기로 해서 순조롭게 진행되었다. 김정일에게까지 보고되었고, 실무자들이 와서 구체적인 협상에 들어갔다. 규모가 점점 커져서 수백만 불짜리 프로젝트가 몇 배로 커졌다.

당시 오래전에 화재로 무너진 대동강호텔을 새로 지은 상태였다. 거기에 더해서 주변의 아파트 몇 채를 헌 다음 컨벤션 센터와 5성급 이상의 대형 호텔을 지을 계획이었다.

우리는 호텔 사업보다도 북한 땅에 최초로 외국인들이 자유롭게 예배드릴 수 있는 예배당이 세워진다는 것 때문에 흥분했다. 그렇게 이야기가 진행되는 중에 예기치 않은 문제가 발생했다.

호텔을 지으려면 한 음식점 건물을 헐어야 했다. 그런데 그 숭어탕 집 때문에 제동이 걸렸다. 김일성 수령이 즐겨 찾던 곳이고, 수령의 현지 지도를 받았던 역사적인 식당이라서 허물 수 없다는 것이었다.

우리의 상식으로는 이해가 되지 않았다. 지금은 숭어가 잡히지 않아 숭어탕을 만들지 못하는 명목상의 식당이었기 때문이다. 우리는 이 일로 인해 매우 실망했지만 후에 생각해보니 너무나 잘된 일이었고, 하나님의 보호하심이었다. 만약 순조롭게 진행되었다고 해도 수많은 어려움을 겪었을 것이기 때문이다.

선봉 초대형 TV 설치

몇 년 전에 선봉이 나진에서 어느 정도 독립을 하게 되었다. 그래서 선봉 위원장이 새로 세워지고 행정적으로도 독립했다. 나진은 나름대로 많이 발전했으나 선봉에는 도움의 손길이 미치지 못해 가난을 면치 못했고, 집 없는 세대도 상당해서 많은 사람들이 형편없는 집에서 우리가 상상하기 힘든 생활을 하고 있었다.

나는 그들을 위로해주고 싶었다. 마침 우리가 만든 '하나 농업'도 선봉에 있었기에 그곳을 돕기로 마음먹었다. 선봉 위원장은 매우 고맙게 생각하고 적극적으로 도움을 요청했다. 그는 매우 열정적이고 헌신적이었으며, 함께 일하는 사람들과 팀워크를 잘하려고 애썼다.

일단 농사를 잘 지어야 배불리 먹을 수 있기에 트랙터를 두 대 사주었더니 너무나 신나게 농사를 짓기 시작했다. 나름대로 이익 분배 계약은 했지만 우리의 목표는 언제나 100퍼센트 주는 것이었기에 추수한 곡식을 모두 가난한 주민들에게 나누어주었다.

그가 나진 광장에는 대형 TV가 있어서 주민들이 함께 모여 영화를 보는데 선봉에는 그런 시설이 없다고 아쉬워하기에 나진보다 더 크고 좋은 대형 TV를 마련해주었더니 시민들이 매우 좋아했다.

날씨만 풀리면 몇천 명씩 광장에 모여 영화를 보며 즐거워했다. 그래서 캐나다에서 나온 건전한 영화도 수십 편 가져다주었다. 그렇다고 다 볼 수 있는 것은 아니고 일단 검열을 받아야 하는 걸 알기에 검열에 통과할 만한 영화를 골라서 가져다주었다.

얼마 지나지 않아 내가 평양에 갔다가 억류되는 바람에 선봉에 못 가고 있지만 다시 기회가 주어지면 그곳 주민들의 집 문제를 도와주고 싶다. 가보면 누구든지 그런 마음이 들 것이다.

중국 사람들에게 선봉 땅까지 다 빼앗기기 전에 누군가 그들을 도와야 할 것이다. 선봉은 아름다운 곳이고 청정 바다를 끼고 있는 기름진 땅이다. 크기로 따져도 싱가포르만큼 큰 땅이다. 아직도 개발되지 않은 처녀지가 많고, 낙엽으로 만들어진 부엽토가 많아서 농사하기도 좋다.

선봉의 기적은 얼마든지 가능하다. 자유무역지구는 훈춘과 핫산과 나진이라기보다 나진 대신 선봉이 되는 것이 더 바람직할 것이다. 하나님께서 다시 한번 기회를 주신다면 선봉이 축복이 넘쳐나는 도시가 되도록 돕고 싶다. 그곳에서부터 예배당을 세워 남쪽으로 골짜기마다 교회를 세우고 교회 종소리가 방방곡곡 울려 퍼지게 하고 싶다.

평양 영어교원 강습소 사역

지금까지 했던 북한 사역 가운데 가장 보람 있고 효과적이며, 아무 잡음이 없었던 사역이 영어 강습소 사역이다. 10여 년간 수백 명의 한인 2세들이 단기선교로 북한을 방문했다.

한인 2세뿐 아니라 코케이션(caucasian, 백인) 가운데 훌륭한 분들도 많이 동참해주었다. OMF 회장, 틴데일신학교 학장을 비롯해서 수많은 영어 교사들과 전문가들이 협력했다. 그리고 오하나(OHANA) 파운데이션의 책임자 애니 첸 선교사도 한 몫을 담당해주었다. 그녀는 수천만 달러를 투자해서 만든 세계 최고의 영어교재를 무상으로 기증해주었다.

그들 모두 항공권을 자비량으로 감당했으며 식사와 잠자리만 교회가 마련했다. 이렇게 열린 영어와 컴퓨터 교원 강습소에서 북

평양 영어교원 강습소 강의 장면

도문인터직업학교

한의 고등학교 교사 100-200명을 선발하여 합숙하며 가르쳤다.

처음에는 우리 교회 표인근 장로님의 아이디어대로 평양에 돈을 받고 영어를 가르치는 학원을 세우려고 했는데, 북한에는 아예 '학원'이라는 개념이 없기에 교육부 관계자들이 '교원 강습소'를 만들어줄 것을 요청했다.

북한의 영어 교사를 우리가 직접 가르칠 수 있다니 얼마나 놀라운가? 이것은 하나님의 전략이었다. 북미 각지에서 모인 교사들은 일단 북한에 들어가기 전에 심양의 선교관에서 2박 3일 동안 오리엔테이션을 받았다.

특수한 사역이기에 북한에서 가르칠 때 조심할 점, 금기 사항 그리고 가르칠 교재와 DVD에 대한 기본적인 교육을 받았다. 한인 2세들은 훈련이 잘되어 있었기에 큰 문제 없이 영어 강습소가 잘 운영되었다.

캘리포니아 고등학교의 영어 선생이었던 한 자매는 30여 차례 들어와 가르쳐주었다. 그녀는 북한 선생들에게 매우 인기가 높았다. 무엇보다도 너무 친절해서 그녀를 좋아하지 않는 선생이 없었다. 게다가 믿음이 좋아서 항상 기도하면서 최선을 다해 가르쳤다. 이 자매는 영어를 가르치면서 성경 이야기들을 재미있게 들려줬다. 다윗과 골리앗 이야기, 노아의 홍수 등을 얘기해주면 다들 재미있게 들었다.

그렇게 가르친 후 수료증을 주는데, 그동안 훈련받고 수료증을 받은 교사가 1,500명이 넘는다. "모든 국가 공무원은 영어와 컴퓨터를 모르면 자격이 없다"고 한 김정일의 지시에 따라 북한에도 영어 열풍이 일어났기 때문이다.

미국을 그렇게 싫어하면서도 영어를 좋아하고, 미국산 물건을 좋아하고, 달러를 너무 갖고 싶어 하는 모습을 보면서 영어가 선교의 가장 좋은 도구로 사용됨을 느꼈다.

도문기술학교에 헌신한 선생님들

신영성 집사님은 북한의 어려운 상황을 듣고 평신도 선교사로 헌신했다. 어린 딸을 셋이나 데리고 아무 보장도 없는 험한 길을 택하기까지 결코 쉽지 않았을 것이다.

그는 중국에 가자마자 도문에서 방황하는 청소년들을 모았다. 그리고 가난해서 공부할 기회를 잃어버린 청소년, 탈북자의 자녀, 부모가 서울로 돈 벌러 가면서 버려진 조선족 아이들을 찾아내 공부를 시켰다.

얼마 후에 도문기술학교는 후원을 받으면서 '도문인터직업학교'로 이름이 바뀌었고, 학생 수가 300명이 넘는 제법 큰 학교가 되었다. 여기저기서 헌신된 분들이 찾아와 선생으로 섬겨주었다. 선생님 한 명이 학생들을 몇 명씩 맡아 같이 먹고 자면서 주의 사랑으로 양육했다.

후에 이 학교에서 중앙아시아 아이들도 양육을 받게 되었다.

탈북자 단속이 심해지면서 북한 아이들을 돌보는 사역이 어려워졌으나 이 학교를 졸업한 아이들은 대학에 진학도 하고, 취직도 잘 되었다. 모두 학교에서 한 가지 이상의 기술과 한국어, 중국어, 영어를 배웠다.

교사들은 아이들을 부모의 심정으로 양육하며, 개인적으로 신앙지도도 했다. 우리는 아이들이 기죽지 않도록 많은 배려를 했고, 가능한 한 최고의 시설에서 배울 수 있도록 지원했다. 또한 전액장학금으로 이들을 양성했다.

시간이 흘러 졸업생이 많아지면서 졸업생들을 돌보는 사역도 생겨났다. 지방으로 순회하면서 그들을 격려하고 신앙을 잃지 않도록 돌보았다.

우리 교회에서도 여러 성도들이 교사로 헌신하여 1-2년 단기로 섬기기도 했다. 한인 2세 선교사들도 합세하여 아이들에게 영어를 집중적으로 가르쳤다. 지금은 다른 이름으로 바뀌었지만 최창림 선교사 부부를 중심으로 학교 사역은 20년 넘게 계속되고 있다.

연변과기대와 평양과기대 이야기

한때 우리 교회에서 연변과기대에 일곱 가정을 교수로 파송한 적이 있다. 나도 평양·연변과기대 국제 이사장을 맡아 섬기기도 했다. 과기대는 김진경 총장이 시작한 이래 많은 졸업생을 배출했다. 매년 400명씩만 잡아도 20년이면 8,000명에 달한다.

연변과기대에 들어온 신입생들은 의무적으로 기숙사 생활을 한다. 그들은 학교에서 영어와 중국어, 한국어를 의무적으로 배우는데 일정 수준에 도달하지 않으면 졸업할 수 없기에 여러 언어에 능통하다.

기숙사에서는 교수 1명이 10명의 학생들을 맡아서 돌보는 시스템으로 운영된다. 4년 동안 10명을 데리고 지내니 학생들이 변하지 않을 수 없다. 대략 80퍼센트의 학생들이 예수 그리스도를 영접하고 세상의 선교사로 파송된다.

128명의 교수들은 모두 17개 국가에서 사명감을 갖고 온 선교사들이다. 우리 교회에서는 캐나다에서 열심히 공부하여 학위를 받고 직장에서 일하던 분들이 은퇴한 뒤 마지막 인생을 주님께 드리려고 중국과 평양으로 가시기도 했다.

연세가 들어서 헌신하신 분들이기에 책임감이 높고, 사명감이 철저하고, 인생의 경험도 풍부하여 일반 대학교보다 교육의 질이 더 높았다. 연변에서 경험을 쌓은 후 20여 년이 지나자 평양과기대가 설립됐다.

평양과기대는 북한의 수재들이 모이는 학교이다. 교수들은 대부분 외국인이고 학생들은 전부 북한 학생들로 구성된 특이한 학교이다. 물론 여러 가지로 통제가 심하고, 대화의 자유도 없고, 거주의 자유도 없지만 교수들은 오직 한 가지 사명감을 품고 불편을 감수하면서 믿음으로 그곳에 들어간다.

내가 보기에 다른 선교지도 물론 힘들지만 북한은 자유가 없기에 더욱 지내기 힘든 것 같다. 마음대로 자동차를 타고 다닐 수도 없고, 기차나 버스도 못 타고, 마음대로 걸어 다닐 수도 없고, 공원에도 마음대로 갈 수 없고, 여름에 해변에도 자유롭게 갈 수가 없다.

탈레반 폭력 정권으로 인해 무섭기로 유명한 아프가니스탄에서도 마음대로 다닐 수 있는 자유는 있다. 돈만 내면 어디든 여행도 할 수 있다. 쿠바에서도 외국인의 여행은 안전하게 보장된다. 이슬람의 종주국인 사우디아라비아나 오만까지도 외국인을 위한 교회가 있어서 자유롭게 예배드릴 수 있다.

교회가 없는 나라는 세계 어디에도 없다. 그런데 북한에서는 예배드릴 곳이 없다. 오직 평양에만 형식적으로 예배드리는 봉수교회가 있을 뿐이다.

평양과기대 교수들은 오직 학교 안에서만 살아야 한다. 인터넷 없이 살기 어려운 시대에 스마트폰도 인터넷도 마음대로 사용할 수 없다. 전화도 마음대로 할 수 없다. 당연히 전도도 자유롭게 할 수 없다.

이런 곳에서 사역하는 이들의 고충을 이해하고 끊임없이 격려하는 아량이 필요하다. 내가 누리고 있는 자유에 대해서 진정으로 감사하는가? 배불리 먹을 수 있음을 진심으로 감사드리며 살고 있는가?

연변과기대 졸업식

평양과기대 교수진

요즘 어려움을 겪고 있는 과기대를 위해 기도를 요청한다. 우리의 부족함에도 불구하고 사용하시는 하나님의 지혜를 찬양하며….

빙상 국가대표팀 초청

북한의 속도빙상(스피드 스케이트) 국가대표 선수들을 3년 동안 3번 캐나다에 초청해서 훈련을 받도록 도왔다. 1998년, 나는 평양에서 나올 때 기차를 타고 신의주를 거쳐 중국 고속버스를 타고 심양으로 오곤 했다.

그러던 어느 날 북한 국제열차에서 속도빙상 국가대표 감독과 같은 칸에 타게 됐다. 서로 통성명을 하는 가운데 내가 캐나다에서 왔다고 하니 그가 간절히 부탁했다.

"우리 선수들을 연습시킬 만한 곳이 없습니다. 지금 중국 하얼빈으로 동계훈련을 가는 길인데 거기도 시설이 변변치 않습니다. 그러니 캐나다에서 훈련받을 수 있도록 도와주십시오."

나는 일단 캐나다에 가서 알아보겠다고 대답했다. 대한체육회 지부에 알아보았더니 북한 선수단을 초청하는 것은 쉽지 않다고 했다.

그런데 2008년에 순안공항에서 비행기를 기다리는 중에 새로운 속도빙상 국가대표 감독을 만나게 됐다. 감독은 남자였고,

단장 겸 코치는 여자였는데 그들은 지난번 감독에게 이야기를 들었다면서 다시 한번 부탁을 했다. 나는 알아보겠다고 대답한 후 캐나다로 돌아왔다.

이번에는 일이 순조롭게 진행되었다. 오자마자 알아본 결과 긍정적인 대답이 왔다. 캐나다체육회에서 그들을 초청하겠다는 초청장을 보내온 것이다.

이후 일은 신속하게 진행되었다. 후원자들도 나타났으며, 캘거리의 시설도 빌릴 수 있었고, 유명한 코치도 만날 수 있었다. 또 주님께서 내가 알고 지내던 교인들의 마음을 움직여 북한 선수들을 돌보게 해주셨다.

우리는 아파트를 한 채 빌려서 6개월 동안 염려 없이 생활할 수 있도록 배려해주었다. 항공권을 비롯해서 모든 것을 우리가 후원해주지 않으면 그들의 힘으로는 아무것도 할 수가 없었다. 만만치 않은 비용이 들었지만 십시일반으로 모든 것이 채워졌다. 그렇게 북한 선수들을 매년 6개월씩 3년 동안 캐나다에 데려와서 훈련을 시킬 수 있었다.

9명의 선수단은 교인들의 후한 대접과 사랑을 받으면서 너무 행복해했다. 전도를 강요하지 않았지만 그들 스스로 감동을 받았다. 그들 일행에는 그들의 행동을 감독하고 주시하는 당 일군이 한 명 있었지만 그도 감동을 받고 우리에게 협조해주었다(내가 북한에 잡혀있을 때 그들과 임원들이 모두 다 조사를 받았다. 그 과정에서 어떤 사람은 좌천되기도 한 것 같다. 그러나 다행히도 선수들은 별다른 피해를 입지 않았다).

그들은 2010년 밴쿠버 동계올림픽에 참여해서 좋은 기록을 남겼다. 고현숙 선수는 1,000미터 경기에서 이상화 선수보다 좋은 기록을 남기는 성과도 보였다. 우리는 2014년 소치 동계올림픽에서도 그들을 지원했다.

2014년 겨울에는 북한 피겨 국가대표 선수들이 부탁해서 그들도 전적으로 도왔다. 10여 명이 토론토에 도착했다. 우리 교회는 그들을 최선을 다해 섬겼다. 최고로 좋은 코치를 주선해주었고, 6개월간 매일 아침 박근협 장로님이 운전으로 봉사해주었다.

큰 집을 얻어주고, 먹을 것도 벌크(bulk)로 사다가 준비해주었다. 얼마나 잘 먹는지 감당하기가 어려울 정도였다. 그런데 단장으로 온 사람이 아주 고약했다. 철저하게 우리를 이용만 하는 철면피였고, 고마움도 몰랐다.

그들은 토론토에서 훈련을 받았기에 우리 교인들이 전적으로 섬겨주었으나, 북한에서 온 감독이 얼마나 경고했는지 복음을 전할 수도 없었고, 선수들을 개인적으로 접촉하기도 힘들었다. 그는 선수들이 캐나다 TV도 못 보도록 통제했고 오직 훈련하는 것만 허락했다. 교회에 오는 것은 당연히 불가능했다.

그래도 우리는 최선을 다했다. 위에서 명령하는 대로 따를 수밖에 없었겠으나 선수들은 받은 사랑을 잊지 못할 것이다. 그들은 감사하며 떠났다. 따라온 선생이나 코치, 감독도 모두 우리의 진심을 알고 있지만 표현하지 못했을 뿐이라고 생각한다.

북한 여자 월드컵 축구대표팀 초청

여자 월드컵 축구팀은 북한에서도 영웅 대우를 받는다. 나는 우연치 않게 그들을 만나 두 번이나 돕게 되었다. 한 번은 미국에서였다. 당시 단장으로 온 사람이 캐나다로 전화를 걸어 미국에 방문해줄 것을 요청했다. 그래서 미국으로 건너가 북한 축구팀 임원들과 식사를 했다.

그런데 후에 내가 북한에 잡혀있을 때 그 단장은 법정에 증인으로 나와서 거짓 증언을 했다. 자기가 나를 초청한 적이 없는데 내가 거짓말을 했다는 것이다. 나는 어이가 없었지만 항의할 가치도 없어서 내버려두었다.

그가 알려주지 않았다면 내가 어떻게 북한 선수들이 미국에 왔는지 알 수 있겠는가? 중간에 말했던 사람도 있어서 얼마든지 증거를 내밀 수도 있었다. 사실 그 사람은 내가 김일성 동상에 가지도 않고 절도 안 한다는 것을 알고 항상 나를 미워하던 김일성 추종자였다.

선을 악으로 갚는 일은 수없이 많다. 필요할 때는 도움을 요청하지만 자기들이 위험하다고 판단되면 갑자기 얼굴을 바꾸기 일쑤이다. 하나 농업의 현지인 사장도 거짓 증인으로 사용되었다.

그는 내가 나진 땅을 사서 교회를 짓고, 기독교 학교를 세우고, 병원을 지으려고 한다고 증언했다. 그 계획은 사실이었으나 땅을 산 적은 없었다. 어쩔 수 없이 증인으로 나온 사장이 너무 불쌍해 보였다.

그는 북한 정부에 대해서 불만이 가득한 사람이었다. 그는 내게 북한 정권이 얼마나 잘못됐는지 자주 얘기해주었다. 얼마 후, 그가 간암으로 세상을 떠났다는 소식을 전해 듣고 마음이 너무 아팠다. '그가 마음으로라도 예수님을 믿었다면 고통스런 삶을 사는 것보다는 나을 텐데'라는 생각도 들었다.

2014년 여름에 다시 북한 월드컵 대표팀이 토론토에 왔다. 1년 전에 왔던 선수들은 한 명도 보이지 않았다. 그들은 피파(FIFA)의 초청을 받아서 왔기에 우리가 재정적 부담을 갖지 않아도 되었다.

우리 교인들은 표도 팔아주고, 응원단을 구성해서 열심히 응원도 해주었다. 탈북자들도 자기 고향에서 왔다는 이유 때문에 경기장에 많이 가서 응원을 아끼지 않았다.

나는 교인들에게 부탁해서 선수들을 섬기는 일에 최선을 다했다. 가장 큰 일은 그들에게 밥을 해 먹이는 것이었다. 피파에는 가난한 나라 선수들을 도와주는 제도가 있어서 좋은 호텔에서 좋은 음식을 먹도록 해주었으나, 북한 선수들은 서양 음식을 잘 먹지 못했다.

북한 사람들의 공통점은 외국 음식을 못 먹는다는 것이다. 그 사실을 누구보다도 잘 알고 있던 나는 북한식으로 국을 끓이고, 젓갈을 사다가 버무리고, 김치를 담아 갖다 주었다. 실제로 가장 큰 도움을 준 사람들은 우리 교회에 나오는 탈북자들이었다.

이북 사람들의 입맛을 누구보다도 잘 알기 때문이다. 그들은 한식을 먹고는 힘을 내서 얼마나 잘 싸웠는지 토론토에서 진행된 게임은 모두 승리를 거두었다.

우승 후보였던 미국 팀도 이겼고, 캐나다 팀도 이겼다. 그런데 몬트리올이나 핼리팩스로 출장 경기를 가면 모두 패배하고 풀이 죽어 돌아왔다. 아무리 생각해도 음식의 영향이 큰 것 같았다. 그곳에는 응원하는 사람도 없고, 한식도 없었기 때문이다.

대회를 마치고 토론토에 돌아온 선수들과 단체 사진을 찍었는데, 선수 중 한 사람이 '김치' 대신 '큰빛교회'라고 구호를 외치자고 제안하는 일이 있었다. 우리 교인들의 수고에 감사한 마음을 그렇게라도 표현하고 싶었던 것이다.

대표팀 중에 복음을 듣고 반응하는 자매도 있었다. 자매는 며칠 동안 나만 만나면 울었다. 주께서 그 자매의 마음문을 활짝 열어주신 것이다. 북한 땅에 자유가 주어지고 표현의 자유가 주어지는 날, 그 자매는 감동적인 간증을 하게 될 것이다.

1996년 1차 방문을 시작으로 2010년 3월 1일까지 총 68차 대표단 파견

| 지원사업

식량 지원(총 800만 불 이상)
- 황해북도 황주시에 국수 공장 설립 및 운영(1997년 7월)
- 평양 즉석국수(라면) 공장 운영 및 인근의 학교에 라면 공급(2002-2009년)
- 사리원 고아원(600명)에 콩우유 기계 기증, 라면, 콩기름, 우유, 설탕 공
  급(1999-2009년)
- 평북 구장군 탄광지대에 옥수수 600톤 기증(1997-1998년)
- 은덕 탄광 등 함북 두만강변에 옥수수 종자 및 식량 지원
- 함북 회령시 염소젖공장 지원(냉동트럭 지원)
- 회령시 빵공장 밀가루 지원
- 회령 유치원 및 양로원에 라면 정기 공급
- 북한 전역 젖염소 보내기 운동
- 대체식량(가공식품) 지원 프로젝트
- 평양 의학과학원 식량 지원
- 양강도 지역 식량 지원(2008, 2009년)
- 나선 지역 강냉이(100톤) 지원(2009년 9월)
- 함경도 지역(나선, 청진, 회령, 온성, 샛별 등) 강냉이 300톤 지원(2009년 9월)
- 종자 지원(2009년-30만 불 규모, 2010년-100만 불 규모)
- 2009-2010년 겨울나기 식량 지원 프로젝트(총 1만 톤 규모)
  제1차 지원(2009년 12월) - 해주(1천 톤), 사리원(1천 톤), 용천(5백 톤)
- 나선시 매일 라면 1천 그릇 급식 프로젝트 시작(2009년 12월)
  (나진에 식품가공기계 10대 지원 완료, 연변에 식품가공공장 설립 진행 중)
- 100만 명 긴급구제 프로젝트(300만 불) 진행 중
  (2008년 6월-신의주, 용천, 남포, 평양, 원산, 함흥, 청진, 나진, 선봉, 회령, 남양 등

지에 100만 불 지원 완료, 7월 중 100만 불, 8월 중 100만 불 지원 예정)
-청진, 단천 등(옥수수 2,500톤 지원 예정〈준비 완료〉)

학교 지원
-조선반도 최북단(북한/중국/러시아 접경)의 토리분교 신축 및 지원
-회령시 제일중학 기숙사 지원(이불/동복)
-학교 지붕 교체 지원(회령, 학송 등 함경북도 16개 소학교)
-회령시 도서관 컴퓨터 25대 및 부대시설 기증(2008년)
-김일성종합대학 컴퓨터 시설 지원(23대) 및 교육훈련(1997년)
-평양 제일중학 기숙사(300명) 시설 지원
-회령시 유치원 신축 및 라면 정기 공급(2008년)
-나진 어린이집(450명) 후원
-원산시 초등 및 중등학원 지원(1,600명), 지속적인 지원 사업
-청진시 초등 및 중등학원 지원(2,000명)
-함북 종성군 중등학원 지원
-룡정(동림)학교 컴퓨터 지원 준비 중

병원 지원
-함북 나선시 영예군인병원 신축 및 약품 지원
-나진 구강병원 지원(기술 및 약품)
-회령시 인민병원 지원
-나진시 인민병원 건축 협력(100만 불 프로젝트)
-나선 인민병원 담석기 1대 기증

고아원 지원
-사리원 육아원에 화물차량 1대, 콩우유 기계, 약품 및 생필품 정기 지원
-원산 고아원 1,600명 겨울나기 지원(1회 5만 불)
-함북 종성 200명 겨울나기 지원
-청진 2,000명 겨울나기 지원(1회 5만 불)

양로원 지원

–나진 양로원(제1동) 신축 및 운영, 제2동 건축 완료(100여 명 수용, 약 12만 불)
–회령 양로원 신축 및 지원(6만 불)
–평양으로부터 양로원 지원요청 협의 중

특수 지원 프로젝트

–평양 안경 사역(80만 개–2,000만 불 상당 지원/40만 개 2차 지원)
–수해복구 지원–회령, 은덕군 및 함북 지역 시멘트 지원
–나선시 협동농장 분조단위 경운기 200대 지원(20만 불 상당)
–세계수학올림픽 참가 후원(2008년 8월 스페인 8명 항공료 지원)

| 교육사업(평양 영어, 컴퓨터 교원 재강습소)

–설립 총 투자액 100만 불 예상
–평양과기대에 이은 두 번째의 외국교육허가기관
–현재 5층 건물(지상 4층, 지하 1층) 건축 완료(2005-2010년)
–전문교수 요원 3명 상주 및 영어보조교사 상시 파견
–북한 전역의 중고등학교 영어 및 컴퓨터 교사 재교육기관
  (1기 80명 합숙교육, 교사 재임용 권한)
–2008년 4월, 7월에 평양인민대학습당에서 제4차 영어시범교육 실시
  (교육성 관계자, 대학교수, 영어교육 전문가들로부터 호평)
–한인 2세 보조영어교사 훈련센터를 동부(토론토)와 서부(LA)에 개설하여 최
  소 30시간 이상의 훈련을 필한 후에 3주 간격으로 평양에 파견할 계획임

| 비즈니스

농업 부문(블루베리 농장) 투자 규모 2백만 불 이상
-나진에 합영회사 설립(하나 농업사/이사장 임현수, 부이사장 표인근)
-2007년 나진에 150정보 70년 리스 계약(웅상농장에 50만주 재식)
-2007년 12월 고성농장(황해북도 신평군 고성리) 지원
-2008년 6월-백두산 등 양강도 일대 야생 블루베리 서식지 방문 및 독점계
  약(2만 정보 규모, 1,500톤 구입 계약, 2,000명 고용 및 야영숙박 지원)
-수익금으로 식량 지원 예정
-나진에 대규모 농업단지 구상 중(수백 정보 부지 확보)

공업 부문
-연길에 대북 사역을 위한 식품가공공장 설립 협의 중
-평양에 타이어공장 및 보석가공공장 협의 중
-나진에 유기질 비료공장 설립 검토 중(5,000톤 규모)
-평양에 스타킹공장 설립 검토 중

상업 부문
-연길에 대북한 무역회사 설립 추진 중
-평양에 피자점 오픈 검토 중

투자사업
-투자회사 설립(대광투자기금)
-유소 합작투자 : 함흥에 선봉·큰빛연유합작봉사소 설립(11만 불)
  (남포, 해주, 청진 등 지방 도시로 확대 예정)
-식품도매업 합작투자(7만 불)
  상기 투자로 2008년 3월부터 월 4천 불 이익 배당(이익금은 지원 사업으로
  전액 전용)

서비스업
- 평양에 6성급 호텔 투자 협의 중(대동강호텔/2,800만 불 규모)
- 나진에 대형 공중목욕탕 설립 추진 중(1층 완료/30만 불 규모)
 (목욕탕 내에 이미용실 운영)

| 예술문화교류사업

- 여성 월드컵 축구팀, 여성대표단 등 캐나다 방문 시 협조(몬트리올, 필라델
 피아 등)
- 조선출판물교류협회(3명의 대표단) 초청 조선미술전시전 성황리에 개최
 (2006년 토론토 한국일보사 도산홀/약 3개월 체류)
- 북한의 윤이상 오케스트라(30명) 초청공연 예정
- 밴쿠버 동계올림픽 속도빙상팀 전지훈련 지원(2008년 3개월/2009년 7월부터
 2010년 2월까지)
- 매월 약 5,000불 지원

젖염소 목사님

김준곤 목사님은 북한에 '젖염소 보내기 운동'을 공식적으로 시작한 분이다. 목사님은 누구보다도 원수 사랑을 몸소 실천하셨다. 그 분은 젊은 시절 공산당에게 평생 잊을 수 없는 고통을 당했다.

공산당의 창에 무자비하게 찔려서 아버지와 아내가 세상을 떠났고 자신은 시체 더미에서 겨우 살아남았다. 그리고 피투성이 아기를 안고 사선(死線)을 20번 이상 넘으며 힘들게 살아났다.

그런데도 고난의 행군이 시작되던 1996년부터 북한에 젖염소 보내기 운동을 시작하셨다. 나는 그 소식을 듣고 교인들에게 호소해서 급한 대로 25,000달러의 헌금을 시드 머니(seed money)로 드렸다. 그것이 목사님에겐 위로와 힘이 되었던 것 같다.

중국산 염소는 마리당 50달러지만 젖을 하루에 1리터밖에 생산하지 못했다. 그래서 마리당 500달러로 값은 더 나가지만 4리터의 젖을 내는 양질의 뉴질랜드 염소를 보내셨다.

목사님은 CCC 학생 수련회 때 수많은 젊은이들을 모아놓고 젖염소 보내기 운동을 선포하셨다. 그 후에 내가 북한의 어디를 가든지 염소가 눈에 띄게 늘어났다. 10년 정도 지났을 때는 염소가 전국적으로 가득해진 것을 볼 수 있었다.

92세 청춘 선교사

북한 사람들은 몸속에 담석이 많다. 내가 감옥에서 밥을 먹으면서 가장 힘들었던 것이 돌을 골라내는 거였다. 어떤 날은 네 번이나 돌을 씹기도 했다.

나진양로원에서 사역하던 전종석 할아버지 선교사님은 북한 주민들과 어울려 살면서 그들이 담석 때문에 어려움을 겪는 것을 알게 되었다. 그래서 혼자 모금을 해서 담석 제거기 한 대를 나진 신흥병원에 기증했다. 그 덕분에 수백 명이 고통에서 벗어났다.

그 기계는 유용하게 사용되었다. 전 선교사님이 15,000달러 정도 하는 기계를 하나 더 사들이면서 그 병원은 담석으로 고통받는 북한 사람들을 많이 고쳐주었다.

전종석 할아버지는 청진이 고향이었다. 그래서인지 북한 선교에 남다른 관심을 갖고 나를 찾아왔다. 그는 70세쯤 우리 교회에 등록했다. 그리고 아내의 중병이 고침 받은 것을 계기로 교회 생활을 열심히 했다. 평생 운수사업을 하면서 배운 술과 담배도 다 끊고, 성경공부와 전도훈련과 제자훈련을 받았다.

그리고 3년 후 북한 이탈 주민들이 중국으로 대거 넘어온다는 소식을 듣고 자원하여 북한 구제 선교사가 되었다. 이미 일흔이 넘었고 직분자도 아니라 교회에서 정식 선교사로 파송할 수가 없어서 내가 개인적으로 중국에 파송하며 어려운 탈북자들을 돌봐주기를 부탁했다(이후 우리 교회 당회에서는 전 선교사님을 명예 장로로 추대했다).

그 후 여러 교인들이 탈북 동포들을 돕기 위해 연길을 수차례 방문했다. 당시 전종석 선교사 부부는 연길에 살면서 탈북자들을 돕고 있었다. 한창 탈북자가 많이 넘어올 때는 약 400가정의 탈북자들에게 집을 얻어주고, 양식과 연탄을 사다주면서 자신의 몸을 돌보지 않고 밤낮없이 봉사했다. 어느 날은 그의 집에 가보니 자기들은 감자를 삶아 먹으면서 북한 사람들에게는 쌀밥을 먹이고 있었다.

그가 중국의 한 양로원에서 명예원장으로 일하고 있다는 소식을 들은 북한 관리들이 찾아와서 북한에 들어와 양로원을 맡아 달라는 부탁을 했다고 한다. 그래서 거의 20년을 북한 선교사로 살면서 노년의 삶을 주님께 모두 드렸다.

그는 나진을 중심으로 평양에까지 영향을 미치면서 노인 사역을 잘 감당했다. 그러자 평양에서 기자들이 몰려와 나진양로원을 모범 양로원으로 소개하기도 했다. 그는 나진에 양로원과 탁아소 세 곳을 세웠고 회령에도 양로원을 세웠다.

필라안디옥교회의 호성기 목사님은 이 분을 꾸준히 도와서 수년 동안 노인들의 양식을 성실하게 돌보아주었다. 그 교회 노인들이 나물을 캐서 팔아 헌금을 마련하기도 했다.

전 선교사님 부부는 내가 북한에 억류되었을 때 가장 기도를 많이 해주었고, 석방되어 교회로 돌아왔을 때도 기쁨의 눈물을 정말 많이 흘렸다. 이들을 통해 약한 자를 들어 크게 사용하시는 하나님의 은혜를 본다. 하나님의 은혜를 잊지 않고 첫사랑을 간직하고 살아가는 것을 주님은 기뻐하신다.

2018년 현재 92세인 전종석 선교사님은 아직도 그들을 물심양면으로 돕고 있다. 하나님께서 건강의 복을 더해주셔서 운전도 할 수 있고, 정신도 매우 건강한 상태이다. 지금은 북한 정책이 바뀌어 그곳에 직접 들어갈 수 없지만 그의 마음은 지금도 북한의 노인들에게 가 있다.

"먼저 된 자로서 나중 되고 나중 된 자로서 먼저 될 자가 많으니라"라고 하신 주님의 말씀처럼 전종석 선교사님은 나중 된 자로서 먼저 된 자라 하겠다.

나는 가는 곳마다 이 분 얘기를 들려준다. 그러면 젊은 노인들이 저마다 주께 헌신한다. 그 분에 비하면 그들은 아직 사춘기 수준이기 때문이다.

유기질 비료를 보내다 순교한 선교사

누가 봐도 성실하고 충성스런 성광진, 성명애 선교사 부부는 중국에 살며 북한에 보낼 유기질 비료를 만드는 사역을 했다. 1년 내내 유기질 비료를 몸소 만들어서 북한의 회령을 비롯한 여러 지역에 공급하는 사역이었다.

이는 땅을 살리는 운동이다. 북한은 땅이 황폐해져서 산성화되어 있다. 그래서 그는 냄새 나는 돼지 똥과 싸우면서 유기질 비료를 만들어냈다. 중국 사람들도 꺼리는 힘든 작업이었다.

어느 해인가 그가 보낸 거름으로 농사짓는 회령 지역을 찾아간 적이 있다. 여러 종류의 벼가 자라고 있었는데, 유기질 비료를 준 땅에서는 벼가 건강하고 보기에도 좋게 자라고 있었다. 다른 땅에서 자란 벼보다 2.5배나 되는 소출을 낸다고 했다.

그런데 몇 년 동안 이 일을 하면서 성광진 선교사는 병을 얻었다. 할 수 없이 캐나다로 철수해서 요양했지만 천국에 먼저 갔다. 그는 착하고 어질고 성실했다. 북한 백성들을 먹여 살리기 위해 아무도 알아주지 않는 시골에서 유기질 비료를 만들어내던 그의 모습이 생각난다.

하나님 앞에서 사는 것이 무엇인지를 나는 그에게서 배웠다. 남편을 보내고 외롭게 지내는 부인 선교사님을 볼 때면 너무 미안하다. '내가 성 선교사님에게 좀 더 관심을 가졌으면 병을 일찍 발견하지 않았을까' 하는 생각이 들기 때문이다.

하나님의 뜻을 다 알 수 없지만 성 선교사는 일찍 순례자의 여정을 마치고 천국에 갔다. 그는 세상을 떠나기 전에 조금도 죽음을 두려워하지 않고 하나님을 신뢰했고, 천국을 사모했다. 순교의 꽃은 반드시 하늘의 열매를 맺으리라 믿는다.

위험을 무릅쓰고 전한 복음

이름을 밝힐 수 없지만 북한 땅에서 귀신 들린 여자를 고쳐준 적이 있다. 내가 고친 것이 아니고 우리와 함께 일하던 목사님이 과거에 자기가 귀신 들렸다가 고침 받았던 것을 떠올리면서 창고 구석에 숨어 사람들을 피하는 바짝 마른 여자에게 다가갔다.

그녀는 공산당 간부의 딸이었으나 부모마저 아이를 포기한 상태였다. 그러나 하나님의 은혜로 그녀는 점점 나아져서 지금은 완전히 회복되었다. 그리고 의대를 졸업하고 의사가 되었다.

내가 북한에 갔을 때 그녀를 내 차에 태우고 구원의 확신에 대해서 질문을 던졌다. 그랬더니 복음을 다시 전할 필요가 없을 정도로 주님을 확실히 믿고 있었다.

북한 땅에서 태어나 아무것도 모르고 살던 처녀가 그리스도의 제자가 된 것이다. 북한의 젊은이도 이렇게 변할 수 있다는 사실이 내게 무궁한 확신을 주었다(자매의 부모도 딸의 변화를 보고 마음이 열렸다. 그러나 그들은 공산당원들이 알까 봐 믿기를 두려워했다). 그녀에게 양육을 받아야 할 필요성에 대해서 동기 부여를 해주었다. 그 후 이 자매는 육체적으로도, 영적으로도 건강해졌다. 새 생명을 얻은 확신으로 기뻐했다. 그리고 믿음이 충만해져서 친구들을 전도할 생각까지 했다. 또한 병원에서 좋은 청년을 만나 결혼도 했다.

자매는 요즘 USB를 통해 설교와 찬양과 간증을 들으면서 믿음이 성장하는 것이 눈에 보일 정도이다. 귀에서 이어폰을 빼면 살 수가 없을 정도로 말씀에 푹 빠져있다. 자매의 믿음을 하나님께서 직접 키워주고 계심을 느낀다. 이런 일들은 앞으로도 수없이 북한 땅에서 일어날 것이다.

내게 복음을 듣고 예수님을 영접한 북한 형제가 있다. 이제는 그가 세상을 떠났기에 이 말을 할 수 있다.

어느 날, 고급관리의 운전기사였던 윤 동무와 단둘이 차를 타고 황주로 가게 되었다. 그때 나는 그의 마음을 주께서 열어놓으신 것을 보고 열심히 복음을 전했다. 그에게 영접을 권하면서 인생의 중심을 운전대에 비유했다.

"내가 내 인생을 운전하는 사람이 있고, 하나님께서 운전해주시는 사람이 있습니다. 사람이 좌절과 실망과 혼란에 빠지는 이유는 자기가 자기의 주인 노릇을 하기 때문입니다. 그러나 하나님께서 나의 주인이 되어주시면 우리는 평화롭고 기쁨이 있으며 의롭고 질서 있는 삶을 살게 됩니다."

이렇게 설명하고 난 후 어떤 삶을 살고 싶으냐고 물었더니 그도 하나님을 믿으며 살고 싶다고 했다. 그는 큰 소리로 나를 따라 기도하며 예수님을 영접했다.

이산가족을 찾다

북한을 방문하려고 준비하던 어느 날, 한 할머니가 나를 찾아왔다. 다른 교회에 다니는 권사님인데 부탁이 있다고 했다. 권사님은 38선이 나뉘기 전에 큰아들을 데리고 남쪽에 내려왔다가 문이 닫히는 바람에 다시 못 올라갔다고 했다. 딸과 막내아들을 북한에 남겨둔 채로. 그리고 오랜 세월이 흐른 후, 아들과 캐나다로 이민 오게 되었다.

권사님은 자녀들이 너무 그리워서 중국에 다니면서 북한과 관계된 선교사님들을 찾아다녔다. 그들에게 용돈을 주면서 아들과 딸의 행방을 수소문하던 중 드디어 딸이 원산에 살고 있다는 소식과 주소를 알아냈다고 했다.

딸의 친구가 동명산호텔에 근무하고 있다고 하며 내게 편지와 가족사진과 1,000달러가 담긴 봉투를 건네면서 딸을 찾아 전해 달라고 부탁했다.

당시 나는 원산에 갈 계획이 없었고, 더구나 북한에서는 내 마음대로 움직일 수 없어서 가족을 찾는 일이 매우 위험했기에 정중히 거절했다. 그러나 할머니 권사님은 너무도 간곡히 부탁했다.

"목사님, 내가 아이들을 찾기 위해 50년 동안 매일 새벽기도 가서 기도했습니다."

그 말씀을 듣고 나니 거절하기가 힘들어서 일단은 봉투를 받아들었다.

며칠 후, 우리 일행 5명은 평양으로 떠났다. 우리는 간부들을 만나 국수 공장 설립을 의논했다. 앞서 얘기했듯이 우리는 지방에 세우기를 원했으나 그들은 평양에 세워주기를 바랐다. 서로 합의가 안 되어서 며칠 동안 신경전을 벌였다. 며칠 후에 간부들이 황주에 공장을 세우는 것이 어떻겠냐고 물어서 그렇게 하기로 했다.

주민 대표들과 계약을 마치고 나니 담당 국장이 기분이 너무 좋다면서 "모처럼 왔으니 금강산이나 보고 가라"고 권했다. 캐나다로 돌아가기까지 이틀 남았는데 딱히 할 일도 없어서 그렇게 하기로 했다.

북한에서는 그렇게 갑자기 어디를 가는 것이 쉽지 않다. 더군다나 지방으로 이동하려면 반드시 사전에 조직사업을 해서 상부에 보고하고 허락을 받아야 한다. 그런데 국장은 당장 가자고 했다. 지금 생각해도 신기한 일이다. 아무리 국장이 권력이 있어도 쉬운 결단이 아니었기 때문이다.

밤 10시쯤 우리는 차 2대에 나눠 타고 원산을 향했다. 계획에

도 없던 원산에 가는 게 무척 신기했다. 그러나 아무런 대안은
없었다. 두 시간쯤 달렸는데 갑자기 차가 망가졌다. 차를 고치
는 사이에 사람들은 모두 밖에 나가고 나와 운전기사 두 명만
차에 남아있었다. 그런데 한 운전기사가 이런 말을 했다.

"야, 새벽 2시는 돼야 도착할 텐데 어디 가서 자야 하나?"

그랬더니 다른 운전기사가 "동명산호텔로 갈까?"라고 했다.
내 귀가 번쩍 뜨였다. 할머니 딸의 친구가 동명산호텔에 있다던
말이 생각나서 나도 모르는 사이에 그러자고 말했다.

차를 다 고치고 다시 원산으로 향했다. 예정대로 새벽 2시쯤
호텔에 도착했다. 숙소는 7층이었다. 한 여자가 테이블에 엎드
려 자고 있다가 인기척을 듣고 일어났다.

숙소를 준비하는 동안 그 여자에게 할머니의 딸 이름을 대면서
이런 사람을 아느냐고 물었다. 그랬더니 그 여자가 졸린 눈을 비
비면서 자기 친구라고 말하는 것이 아닌가? 나는 너무 놀랐다.

숙소가 4층이나 5,6층이었어도 못 만났을 것이다. 그런데 7층
으로 갔기에 할머니 딸의 친구를 만나게 된 것이다. 정말 희한한
일이었다. 그런데 조금 후에 그 여자가 나를 신고했다. 그러자
간부들이 험한 인상을 지으면서 따졌다.

"목사님, 어떤 사람을 찾습니까?"

나는 여유 있게 말했다. 별일 아니고 아는 사람이 있어서 물어
본 것뿐이라고. 다행히 아무 일 없이 지나갔다.

그런데 아무래도 잠이 오지 않았다. 여기까지 오게 된 것과 할

머니 딸의 친구를 만나게 된 것이 우연이 아니라는 생각이 들었기 때문이다. 그때 내게 복음을 듣고 예수님을 영접한 윤 동무가 생각났다.

그를 내 방으로 불러서 자초지종을 설명해주었다. 그는 심각하게 듣더니 자기가 찾아보겠다며 밖으로 나갔다. 그는 예수님을 영접한 사람이기에 맘이 놓였다.

새벽 2시 30분쯤 주소 하나 들고 나간 윤 동무가 5시경에 돌아와서는 나를 깨웠다. 할머니의 딸을 찾았다는 것이다. 그는 새벽 6시에 호텔 옆에 있는 시청 앞에서 그녀와 만나기로 했다며 간부들을 따돌릴 방법까지 알려주었다.

6시가 되기도 전에 일어난 우리 일행은 법석을 떨며 "명사십리가 아름답다고 하니 사진 찍으러 갑시다"라면서 간부들을 데리고 나갔다. 그 사이에 나는 호텔을 빠져나와 시청으로 갔다. 한 여자가 오고 있었다. 직감으로 할머니의 딸인 것을 알 수 있었다.

그녀는 윤 동무에게 내 이야기를 들었다며 나를 붙잡고 울기 시작했다. 새벽에 얼마나 놀랐겠는가. 그녀를 진정시킨 다음 어머니 얘기를 잠깐 해주고, 편지와 사진과 돈을 전해주었다. 그리고 사영리 한 권을 주면서 꼭 읽어보라고 했다.

정확히 5분 후에 나는 일행과 합류했다. 다행히도 북한 관리들은 전혀 눈치를 못 챘다. 우리는 금강산을 구경하고 다음 날 아침 비행기로 토론토에 돌아왔다.

윤 동무는 원산에 올 때마다 할머니의 딸을 돌봐주었다. 그리고 그녀를 평양에 데려와서 도청 안 되는 전화로 캐나다의 어머니와 통화시켜주기도 했다. 그 후 할머니의 막내아들도 찾아냈다. 그는 의사가 되어 군의관으로 근무하고 있었다. 이렇게 해서 가족들을 다 찾게 된 것이다.

나는 그 짧은 시간에 하나님께서 하시는 일을 볼 수 있었다. 한 어머니의 애절한 50년의 기도가 어떻게 이루어지는지를 보게 된 것이다. 모든 것이 하나님의 예비하심이었다.

하나님은 북한 땅에서도 기도는 반드시 응답된다는 것을 보여주셨다. "왕의 마음이 여호와의 손에 있음이 마치 봇물과 같아서 그가 임의로 인도하시느니라"(잠 21:1)라는 말씀처럼 하나님께서는 때로 주권적으로 역사하신다.

북한 선교를 도운 재력가들

"너희는 먼저 그의 나라와 그의 의를 구하라 그리하면 이 모든 것을 너희에게 더하시리라"(마 6:33)라는 말씀처럼 지금까지의 북한 선교는 하나님께서 모든 것을 더해주셔서 감당해왔다.

수년 전 태국 교육 선교대회에서 만난 김주현 선교사 가족을 잊을 수 없다. 그는 철저한 자비량 비즈니스 선교사였다. 아프리카 보츠와나의 선교사 몇 가정과 함께 이 대회에 참여했다.

부인의 권고로 내 강의를 들은 김 선교사는 북한 아이들을 돕고 싶은 생각이 들었다고 했다. 그는 대회가 끝나고 3주 후에 우리 교회로 연락을 했다. 그리고 북한 어린이들에게 양식을 제공해달라며 큰돈을 보내왔다. 아무 조건 없이. 그때부터 수년간 그는 지속적으로 북한 사역을 지원해주었고, 본인도 몇 번씩 북한에 다녀왔다.

포에버 21의 장도원 회장도 큰돈을 지원해주었다. 장 회장은 북한을 돕는 데 누구보다도 앞장서 왔고, 나와 북한 전역을 수십 번 다니며 도왔다.

그 외에도 수십 명도 더 되는 분들이 꾸준히 후원해주었고, 많은 교회들도 동참해주었다. 이름 없이, 빛도 없이 참여해준 분들이 정말 많다. 무엇보다 우리 교회가 처음부터 지금까지 전적으로 사역을 후원하고 지지해주었기에 북한 지원 사업을 이어올 수 있었다. 재정은 물론 수백 명의 교우들이 각자 가진 은사를 따라 섬겨주었다.

의사들은 의료 선교로, 사업가들은 사업으로, 교수와 선생들은 가르침으로, 안경 전문가는 안경 사역으로 참여해주었다. 뿐만 아니라 북한 선교사가 되어 그 땅에서 그들과 함께 살아준 분들도 많이 있다.

4부

북한 선교의
현재와 미래

북한의 가난한 모습들

1988년에서 1990년경, 이산가족 상봉이 약간 자유로웠을 때는 교포들에게 고향 방문을 허용해준 적이 있다. 내가 아는 분이 원산 바닷가의 친척집 방문을 하게 됐다. 이를 위해 시에서는 1년 전부터 집수리를 하게 했다. 그가 북한에 며칠 머무는 동안 반찬을 만드는데 소금이 없어서 바닷물을 떠다가 간을 맞추는 것을 보고 울었다고 했다.

또 다른 이는 평안도에 있는 고향에 갔는데, 이 분이 돈을 내어 진수성찬을 차리게 되었다. 그런데 옆집 어린아이 하나가 그 집에 왔다가 김이 모락모락 나는 쌀밥을 보면서 자기 엄마에게 "저게 뭐야?"라고 물었다고 한다. 쌀밥을 먹어본 적이 없어서 모르는 것이다.

앞에서 언급했듯이, 우리가 수산 사업을 할 때 28명의 북한 선장을 상해로 초청해서 배에 대한 기술을 가르쳐준 적이 있다. 우리는 그들에게 양복과 구두, 화장품 등 많은 선물을 사주었다.

어느덧 두 달이 지나 배를 가지고 떠날 날이 다가왔다. 선장들이 모처럼의 기회에 뭐라도 더 싣고 가고 싶어 해서 빈 배에 많은 물건을 실어주었다. 귤 수십 상자, 바나나 수십 상자를 실어주었는데, 어떤 사람이 바나나를 보고 "이게 뭡니까?" 하고 물어서 깜짝 놀랐다.

바나나를 먹어본 적이 없었던 것이다. 하기야 우리 어릴 때도 한국에서는 특별한 선물로 바나나를 받았다. 지금은 너무나도 흔하게 먹는 바나나를 본 적도 없는 것이 북한의 실정이다. 북한에는 과일이 너무 귀하다.

우리가 전국을 다니면서 고아들을 도울 때 도중에 식사할 곳이 마땅치 않아 도시락을 싸가지고 다녔다. 어느 여름, 원산 근교의 소나무밭에서 십여 명이 도시락을 먹고 음식 쓰레기를 한곳에 모은 다음 떠나려는데 어디선가 사람들이 오더니 우리가 버린 음식 찌꺼기를 뒤져서 먹는 것이었다.

그것을 본 후 우리는 도시락을 먹을 때면 음식을 다 먹지 않고 일부러 반쯤 남기고 떠났다. 그러면 예외 없이 어디선가 사람들이 나타나 그 음식을 먹었다. 그들에겐 너무 미안하지만 다른 방법이 없었다.

청진에 갈 때 중국 돈을 한 다발 가지고 가서 잠시 쉴 때마다 주민들에게 나눠준 적이 있다. 몹시 경계하는 듯했지만 한 사람이 돈을 받으니 모두 달려들어 돈을 받고는 쏜살같이 사라졌다. 그 돈이면 한 달은 쌀을 사서 먹을 수 있었다.

그러나 그렇게 돈을 줄 수 있는 기회도 쉽게 주어지지 않았다. 관리들이 경계를 늦추지 않았기 때문이다. 그러나 관리들도 마찬가지로 수고비를 조금만 주면 너무 고마워한다. 사실 북한에서는 돈이면 안 되는 것이 없다. 100불만 주면 당원증을 산다는 얘기도 들었다. 그래도 우리는 돈으로 사람을 매수하는 일은 하지 않았다.

어느 날 기차를 타고 중국으로 나올 때였다. 나는 기차 맨 앞에 붙어있는 국제칸에 타야 했다. 북한 관리들도 외국인들과 함께 여기에 타곤 했다. 앞서 얘기했던 북한 속도빙상 국가 대표팀 감독을 여기에서 만났다.

그날 기차 테이블에다 내가 가지고 있던 초콜릿을 여러 개 꺼내놓고 들라고 권했다. 그런데 그는 잘 먹지 않았다. 그러더니 자기가 이걸 가져가도 되겠느냐고 물었다. 당연하다고 답했더니 그것을 자기 가방에 담으면서 이렇게 말했다. "아이들이 걸려서 못 먹겠소. 나중에 아이들에게 갖다 주면 너무 좋아할 것이오"라고.

두 달 후 북한에 돌아갈 때까지 보관하겠다는 뜻이었다. 그 모습을 보고 가슴이 먹먹했다. 김정일에게 직접 전화 받고 나왔다는 사람이 그렇게도 가난하다니 할 말이 없었다.

하기야 북한 대사에게 노트북을 한 대 사준 적이 있다. 그는 너무 좋아하며 캐나다로 두 번씩이나 전화해서 고맙다고 인사를 했다. 누구라고 밝히면 곤란해질까 봐 이름을 밝힐 수는 없지만, 한 나라의 전권대사가 그것도 유엔 대표 대사가 노트북 하나 살 돈이 없다니….

사실 나는 전권대사 여러 명에게 컴퓨터를 사줬다. 그들에게 부끄러움을 주려고 이런 말을 하는 것이 아니다. 이것이 엄연한 북한의 실정이고 현실임을 알리는 것이다. 이런 이야기를 하자면 끝이 없다.

라면을 대량으로 공급할 때 군인들이 신라면을 두 번 얻어먹더니 눈빛이 바뀌는 것을 본 적이 있다. 무서운 증오심으로 바라보던 눈빛이 갑자기 남한에 대한 동경심으로 바뀌는 것이었다.

평양의 높은 관리들조차 다를 바 없었다. 신라면을 얼마나 좋아하는지 말로 다 할 수 없을 정도다. 그들이 라면을 먹으면서 행복해하던 모습을 잊을 수가 없다.

수만 명의 배고픈 고아, 꽃제비, 가난한 주민, 혼자 된 여자, 갈 데 없는 무의탁 노인, 배고픈 군인에게 소고기나 닭고기를 주어도 먹을 줄 모르는 사람들이 얼마나 많은지 모른다. 그런 것을 먹어본 적이 없기 때문이다. 얼마나 기가 막힌 일인가?

성경적으로 볼 때도 생존권은 소유권에 우선한다. 구약의 희년 제도처럼 먹는 것은 언제든지 소유권에 우선하는 것을 볼 수 있다. 그러므로 지금은 굶어 죽어가는 북한 동포들을 살리는 것

보다 우선적인 사역이 없을 것이다. 요셉의 식량 나누기 운동이
절실하다.

전 국민이 봄마다 부르는 노래

북한에서 봄이면 부르는 노래가 있다. 남한의 동요처럼 경쾌하
고 즐거운 그 노래는 "보물산을 만들자, 황금산을 만들자"며 나
무 심기를 독려한다. 김정은의 특별지시로 전 국민이 이 노래를
따라 부른다.

북한의 조선중앙 TV를 보면 하루에도 서너 번씩 '나무를 심
자'는 캠페인을 벌인다. 나무를 꼭 심어야겠다는 각성을 갖게 만
든다. 그러나 매년 이런 일이 반복되다 보니 만성화되어 별 감동
이 없어진다. 지난 70년 동안 식수절(식목일) 행사 때마다 변함없
이 강조한 프로그램이기 때문이다. 그런데 "전 국토를 수림화하
라"는 김정은의 특별지시가 떨어지며 행사가 더 요란해졌다.

북한의 식수절은 4월 6일이었는데 김일성 때문에 3월 2일로 바
뀌었다. 김일성이 3월 2일에 식수를 했다는 이유 하나 때문이다.
함경북도나 양강도, 자강도는 3월도 한겨울이나 다름없을 정도
로 땅이 얼어붙어 있다. 그러니 언 땅을 깨고 나무를 심어야 하
는 모순이 생긴 것이다. 그래도 그대로 진행한다.

그들은 2015년부터 2024년까지 10년간의 산림복구 전투를

시작했다. 전당, 전군, 전민이 산림복구 전투를 벌이자고 호소한다. 그런데 문제는 식량과 땔감 등 구조적인 문제의 해결이 없이 이런 구호는 아무런 힘을 발휘하지 못한다는 것이다.

북한의 산림 면적은 남한의 1.4배인 899만 헥타르이다. 그런데 그 중 300만 헥타르가 황폐되어 있다. 해마다 평양 크기만 한 산림이 황폐화되고 있는 것이 현실이다. 통일이 된다 해도 앞으로 30년 동안은 철저히 나무를 심어야 할 것이다.

그렇게 안간힘을 쓰는데도 왜 강산은 더 황폐화되어 갈까? 북한 TV는 이렇게 호소한다. "오늘의 나무 심기는 단순한 실무적 사업이 아니라 70일 전투 기록장에 애국의 뜨거운 마음을 새겨가는 영예롭고 보람찬 애국 사업임을 깊이 자각하자…."

그러면서 일반 주민은 물론 군인과 초중고등학교 학생들까지 동원한다. 그런데 왜 북한은 변하지 않는 것일까? 북한에서는 비가 오면 산사태로 집들이 폭탄 맞은 것처럼 무너져 내리고, 홍수로 논과 밭이 사라지고, 장마철이 되면 여기저기서 동네들이 사라진다.

나는 평안북도 안주를 비롯한 여러 도시를 돌면서 수해 복구 사업을 도와준 적이 있다. 산에 나무가 없으니 엄청난 장맛비에 집채만 한 돌들이 굴러와 폭탄처럼 집들을 치고 내려가는 바람에 새벽에 800명이 피할 겨를도 없이 사망하는 엄청난 비극이 일어난 것이다.

나는 집들이 무너져 내린 현장에서 느낀 것이 많았다. 어떻게 집채만 한 바위들이 저렇게 굴러 떨어질 수 있을까? 그 이유는 간단하다. 에너지 정책의 완전한 실패 때문이다. 북한의 겨울은 너무 추운데 석탄 공급이 안 되니 얼어 죽지 않으려면 산에 있는 나무를 꺾을 수밖에 없는 것이다.

백두산 바람을 칼바람이라고 하는데 문자 그대로 칼처럼 매서운 바람이 분다. 먹는 것도 부실한 주민들은 그런 추위를 견딜 재간이 없다. 나도 백두산을 여러 번 가보았지만 추운 겨울뿐만 아니라 3-4월에도 얼마나 칼바람이 무섭게 내리치는지 10분도 견딜 수가 없었다. 일행 중 한 명은 숨이 넘어갈 위기를 느끼고 도움을 요청하기도 했다. 이것은 조금도 과장이 아니다.

내가 있었던 평안북도 감옥도 예외가 아니었다. 나는 겨울에 일하다가 동상에 걸려 조금만 늦게 치료했어도 발가락을 다 잘라낼 뻔했다. 이것은 내 말이 아니라 나를 치료했던 북한 의사의 말이다.

겨울만 되면 보안원들은 내 앞에서 산 속에 들어가 10-20년간 자라난 나무들을 수없이 꺾어온다. 그곳은 석탄 배급이 나오지만 그래도 모자라기 때문이다. 봄에는 어린 나무를 심어놓고 겨울에는 큰 나무들을 베어 오니 나무들이 자랄 겨를이 없다. 북한은 개인의 소유라는 개념이 없으니 산을 아끼지도 않는다. 내 것이 아니니까 목숨 걸고 나무를 베는 것이다.

개인의 소유라면 아마도 목숨 걸고 지킬 것이다. 그러나 아무리 산림을 지키는 간수가 있다 해도 그 많은 산을 다 지키기는 불가능하고, 뇌물이 통하는 사회이기 때문에 담배 몇 갑이면 눈을 감아주기도 한다. 제법 큰 나무를 심을 때는 다 심어놓은 후에 어느 정도 나무를 흔든다. 그러면 뿌리가 떠서 금세 죽기 때문이다. 그러고는 죽은 나무라며 다시 뽑아다가 땔감으로 사용하는 것이다.

하루는 함경북도를 지나다가 안내 없이 한 초등학교에 들어갔다. 교장을 직접 만나 도와주려고 간 것인데 학생들이 하나도 없었다. 노는 날도 아닌데 이상했다. 잠깐 머물다가 떠나려고 하는데 갑자기 학교 뒷산에서 학생들이 새까맣게 나타났다.

그들이 얼마나 작은지 애처로울 지경이었다. 그런데 그 아이들이 자기 몸집보다도 더 큰 나무 짐을 메고 산을 내려오고 있었다. 사진을 찍어놓았다면 해외토픽감이었을 것이다. 나는 그 아이들의 모습을 보고 너무 충격을 받았다.

한번은 평양에서 청진까지 사파리(밴)를 타고 이틀 동안 간 적이 있다. 그러는 동안 내 눈에 들어온 북한의 산천은 온통 벌거숭이 민둥산이었다. 특별히 김책, 단천을 지나면서 본 거대한 산들은 보기에도 민망할 정도로 황폐했다.

사람들이 전부 베어갔는지 나무가 거의 보이지 않는 그 산에는 화전민들이 농사를 짓기 위해 불태운 흔적도 있었다. 그 거대한 산이 어떻게 전부 망가졌는지 이해가 가지 않았다.

함경북도의 깊은 산골짝은 나무를 베어도 가져갈 방법이 없으니 그래도 나은 편이었다. 그러나 도시 근교의 산은 몽땅 망가져

있었다. 그럼에도 칠보산처럼 철통같이 보호하는 산들은 정말 신기할 정도로 아름답고 웅장했다. 그러나 조금만 벗어나면 마찬가지로 민둥산이었다.

아름다운 금수강산을 이렇게도 몹쓸 황폐한 산으로 만들어놓다니, 정말 천인공노할 일이 아닐 수 없다. 한숨이 저절로 나오면서 통일이 되더라도 산림 복구 사업은 보통 일이 아니겠다는 무거운 마음이 생겼다.

그래도 산림 복구는 해야 한다. 지금도 해외 동포들을 비롯해 남한의 뜻있는 분들이 애쓰고 있지만 아직은 효과가 없다. 규모 있고 권위 있는 조직을 만들어 이 일을 서둘러야 한다. 그야말로 그들이 말하는 보물산, 황금산을 만들어주어야 한다.

북한의 고아원

자주 다니던 해주, 황주, 사리원, 원산, 함흥, 청진, 종성의 애육원, 육아원, 중등학원, 고등학원이 생각난다. 북한의 고아원은 가장 어린아이들을 모아놓은 애육원, 유치원에 해당하는 육아원, 초등학교 격인 중등학원과 중고등학교 격인 고등학원으로 나뉘어져 있다.

이곳은 내가 여러 번 방문했을 뿐만 아니라 항상 기도하며 사랑으로 섬기던 지역이다. 여기 열거한 고아원의 원아들을 합하면

10,350명이었다. 내가 가장 많이, 가장 오래 다닌 곳이 사리원과 원산 고아원이었다.

사리원의 상업관리 소장은 착한 사람이었다. 자기 지역의 고아들을 살리려고 열심을 다하는 모습을 볼 수 있었다. 원장들은 계속 바뀌었으나 그는 바뀌지 않았기에 수년간 함께 일했다. 어느 봄날에 그가 사리원 근교에 있는 정방산에 우리 일행을 초청해서 나들이 간 적이 있다. 898년에 세워졌다는 그 유명한 성불사 근처에 진달래가 지천으로 피어난 모습이 얼마나 정겹던지….

그곳에서 우리 일행은 맑은 공기를 맘껏 마시면서 조국의 정취를 느꼈다. 절을 지키는 스님을 만났는데 그는 머리를 깎지 않고 기르고 있었다. 이런 절간이 전국에 60여 개가 있다고 한다. 그는 우리 불교는 나라를 지켰던 호국 불교라는 것을 강조했다.

내가 원산 고아원을 10년 이상 다니는 동안 중고등학원 원장은 바뀌지 않았다. 그녀는 1960년부터 그곳에서 고아로 자랐다고 소개했다. 그녀는 김일성이 그곳을 방문하였을 때 그의 가슴에 꽃을 달아주었다고 했다.

그녀 자신이 고아 출신이기에 고아들을 아주 잘 돌봐주었다. 그녀는 평양에서 대학을 마친 뒤 다른 도시에서 교사로 근무하다가 결국은 자기가 자라난 모교로 돌아온 것이다. 언제나 자세가 바른 그녀는 몸은 쇠약해 보였으나 항상 변함없는 모습으로 우리 일행을 맞이해주었다.

원산 고아원은 여러 단체가 도와주었다. 뉴질랜드 사람들은 건물 보수를 해주었고, 밴쿠버에서 온 어떤 단체는 그 아이들에게 학용품을 사다주었다. 우리는 꾸준히 양식을 대주었고, 어린 아이들의 옷과 기저귀, 비타민도 보내주었다. 원장들의 보고에 의하면 비타민이 아이들에게 가장 큰 도움이 되었다고 한다.

10년을 다녔으니 10세였던 고아들은 어느새 20세가 되어 군대에 입대했을 것이다. 그 아이들은 우리가 교회라는 곳에서 온 사람들이고, 캐나다에서 온 동포라는 것을 알고 있었다. 아마도 자기들이 배고프던 시절에 먹을 것을 주었던 사람들에 대해 지금도 기억하고 있을 것이다.

복음의 계절이 찾아오면 그들은 쉽게 하나님 앞에 나올 것이라고 확신한다. 그래서 우리는 언젠가 피어날 민족 복음화의 꽃을 기대하면서 굳은 땅을 기경하는 마음으로 수많은 고아들에게 사랑을 부어주었다. 하나님께서 다시 기회를 주시면 나는 계속해서 고아들을 보살피고 싶다. 며칠씩 그곳에 머물면서 그들에게 눈길을 주고, 손길을 주고, 사랑으로 아이들을 감싸면서 아버지같이, 할아버지같이 살고 싶다.

고아가 많은 이유

나는 북한처럼 고아가 많은 나라를 아직 못 보았다. 1997년부터 고아원 지원 사업을 시작했는데 그때만 해도 고아들이 그렇게 많지는 않았다. 사리원, 원산, 해주 고아원 아이들도 원래 몇백 명 정도였는데 요즘에는 한 고아원에 2,000-3,000명 가까운 아이들이 머문다. 아무리 생각해도 이해할 수 없다.

고난의 행군 시기이던 1996년부터 2000년까지는 고아가 많은 것이 이해가 되었지만 고난의 행군이 끝났다면서 왜 그렇게 고아가 많이 생겨났는지 모르겠다. 누구에게 물어봐도 아는 사람이 없고, 국제기관에도 통계가 없다. 인터넷을 아무리 검색해도 답이 나오지 않는다.

우리 교회를 중심으로 뜻있는 분들이 합심해서 북한의 고아원을 지원하는 사역을 했다. 평양에는 많이 하지 않았으나 황해남북도, 강원도, 함경남북도에 있는 고아원은 전부 찾아서 도왔다.

우리가 가는 곳마다 고아들이 가득했다. 그런데 우리가 방문할 때면 병들고 죽어가는 아이들은 숨겨놓는다. 자기들이 보기에도 너무 민망하기 때문이다.

해주 고아원에 갔을 때 일행 중 한 명이 3층에 숨겨진 아이들이 있는 것을 보고 카메라에 몇 장의 사진을 담았다. 그 아이들의 상태는 최악이었다.

뼈만 남은 아이, 머리와 온몸에 부스럼이 가득한 아이, 뇌 손상을 입고 멍한 아이, 콩팥이 상해서 복수가 가득 찬 아이, 힘이 없어 걷지 못하는 아이, 앉아서 울고 있는 아이…. 말로 형용하기 힘든 비참한 모습이었다.

어쩌면 이렇게까지 아이들을 방치할 수 있을까? 너무 화가 나고 한숨도 나왔다. 말없이 죽어가는 아이들이 너무 가여워서 무슨 말을 할 수가 없었다.

종성 고아원에 갔을 때는 그 아이들의 비참한 모습을 보고 한 시간 동안 말을 잊은 적도 있다. 피골이 상접한 아이들의 모습이 너무 안타까웠기 때문이다. 그곳은 버림받은 유배지같이 느껴졌다. 그 당시는 2010년경으로, 고난의 행군도 끝났다고 큰소리치던 시기이다. 그러나 고난의 행군이 더 심해진 모습이었다. 분위기가 너무 어두웠고, 음산한 죽음의 영이 지배하고 있다는 느낌을 받았다. 아무런 소망이 보이지 않았다.

지금 생각해도 그 아이들에게 너무 미안하다. 물론 먹을 것을 사다주고, 옷과 신발, 약을 주었지만 그것조차 전달이 잘 안 되는 것 같아서 마음이 아팠다.

북한의 고아들이 다른 나라의 고아들보다 불쌍한 것은 그들은 해외 입양도 불가능하기 때문이다. 그리고 수용시설이 너무나 열악하다. 북한의 인권을 말한다면 고아 문제가 가장 시급하다고 생각한다.

해주 고아원에 가보니 다 낡고 냄새나는 조그만 방에서 30명의 아이들이 자고 있었다. 5명이 자도 비좁을 것 같은 방에 30명을 수용하는 것을 보고 너무 놀라서 고아원 숙소를 지어주어야겠다고 마음먹었다. 그러다가 그 고아원을 외부에 공개했다고 잡혀가는 바람에 그 계획을 실행하지 못했다.

그런데 정말 감사하게도 내가 감옥에 들어간 이후에 원산 고아원을 김정은이 새로 지어주는 모습이 TV에 여러 차례 나왔다. 지옥이 천국으로 변한 것 같았다. 왜 그런 일이 일어났는지 생각해보았다. 나를 감옥에 넣은 후에 많은 토론이 있었던 모양이다. 어쨌든 나는 감옥에서도 감사했다. 아이들이 보다 쾌적한 환경에서 살게 되었기 때문이다.

그러면서 북한 주민들의 반응이 궁금했다. 지금까지 꼭꼭 숨기고 공개하지 않았던 고아원과 엄청난 수의 고아들이 TV에 나왔기 때문이다. 그 많은 고아들을 보면서 생각 있는 사람들은 무엇을 느꼈을까? '왜 우리나라에는 고아들이 저렇게 많을까'라고 생각하지 않았을까?

감히 질문도 못하고, 불만을 내색할 수도 없겠지만 속으로는 다들 의아했을 것이다. 부모가 없다면 그 많은 부모들은 어떻게 죽었단 말인가? 물론 사고로도 많이 죽는다. 군대에서도 사고가 많아서 영예군인 병원도 많이 있다. 그래도 이해가 가지 않는다.

나는 북한에 있는 동안 그곳의 성문화가 심각하다고 느꼈다. 구치소에 있을 때 나를 조사하던 높은 사람은 자기가 성관계를 맺은 여자가 몇 명이라는 말을 자랑스럽게 늘어놓았다. 여자들 앞에서 음담패설도 거리낌 없이 내뱉었다.

그때 나는 북한의 성문화가 심각하다는 것을 알았다. '버려진 아이들도 많이 있겠구나' 하는 생각도 들었다. 그 아이들을 죽이지 않고 당국이 보호하고 키우는 것만 해도 고마운 일이다. 그러나 그 아이들이 자라는 환경이 너무도 열악한 것이 문제이다.

우리가 가는 곳마다 고아들이 가득했다.
그런데 우리가 방문할 때면 병들고 죽어가는 아이들은 숨겨놓는다.
자기들이 보기에도 너무 민망하기 때문이다.

요즘 북한에서 '처녀 엄마'가 영웅으로 뜨고 있다. 사회주의를 부르짖고 지상천국을 노래하는 북한에서, '우리는 한 가정'이라고 매일 노래하는 북한에서 고아를 입양하는 사람이 너무 없다 보니 처녀가 고아들을 키우는 것이 커다란 뉴스가 된 것이다.

황해도에 사는 그 처녀는 고아였는데 지금의 엄마가 자기를 키워주었다고 한다. TV에서 보았을 뿐이지만, 그 처녀의 어머니는 교양 있고 보기 드물게 착한 여자 같았다. 그 품에서 사랑을 받고 자란 딸이 처녀 엄마가 되어서 10명 가까운 아이들을 키우고 있다고 했다.

이 이야기는 무척 감동적이다. 이런 사람들이 많아지면 북한의 고아들은 모두 없어질 것이다. 1,000가정 중에 한 가정이 한 아이씩 입양한다면 말이다. 북한이 정말 사회주의 지상천국이라면 이런 일은 어렵지 않을 것이다.

하지만 그런 일은 절대로 일어나지 않고 있다. 왜 그럴까? 사람들의 죄성 때문이다. 이기주의 죄성을 극복할 수가 없기 때문이다. 그래서 하나님을 믿지 않는 그들도 매일매일 사람들의 양심에 호소하고 있었다.

그것은 그들이 철저하게 유물론자이면서 무신론자임에도 불구하고 사람들에게 그들의 주장을 내세우려면 형식적으로라도 도덕성과 양심에 호소할 수밖에 없었기 때문이다. 그러나 그들은 양심이 '내 안에 있는 신의 목소리'라는 것을 여전히 모른다.

차이나타운이 되어버린 나진, 선봉시

북한에는 나진이, 중국에는 훈춘이, 러시아에는 핫산이 "자유무역지구"로 지정돼있다. 자본도 기술도 없는 북한의 입장에서는 중국, 러시아와 경제적 협력 관계를 강화하고, 극동 지역인 연해주를 개발한다고 하지만, 강국에 일방적으로 이용당한다는 느낌이 든다.

2011년 12월 3일까지 개정된 나선 경제 무역 지대법을 통해 대외시장 확보의 교두보, 안정된 외화유입 창구 역할을 위한 최적의 대안으로써 국가 차원에서 적극적으로 추진했으나 1997년부터 2014년 말까지 특별한 관심을 갖고 지켜본 나로서는 실망이 크다. 차라리 남북한 합작이 이루어졌다면 그들의 자존심도 보호받으면서 바람직한 발전을 이루지 않았을까 생각된다.

나선 개발 사업의 성공 여부는 김정은 시대의 안정적인 후계체제 구축과 밀접할 뿐만 아니라 중국, 러시아, 북한을 포함한 동북아 지역의 교통물류 체계에 미치는 영향이 작지 않다.

그러나 지금으로서는 모든 것이 지지부진한 상태이다. 나진, 선봉 개발은 사실상 실패로 돌아갔다. 국제적 관심 부족으로 그에 따른 투자가 거의 이루어지지 못했다. 계획만 거창했지 사업 수행에 필요한 기초적인 인프라가 전혀 갖추어지지 않았기 때문이다. 철도, 항만, 전기, 공항, 도로, 상하수도 시설 등 아무것도 투자를 이끌어내지 못했다.

법과 제도의 미비와 미숙한 행정처리, 국제규정과 부합되지 않은 현지 투자 절차, 그리고 가장 기본적이면서 중요했던 기반시설의 부족 등은 외국인 투자 유치를 실패로 돌아가게 만들었다.

그러면서도 북한 당국은 특정 산업 분야를 특화시키지 못하고 이것저것 다 하려고 무모한 시도를 되풀이했다. 우리가 옆에서 여러 번 조언을 해줬지만 듣지 않았다.

어느 나라든 스스로 경제 발전을 하기란 불가능하니 외국 전문가들의 도움을 받으라고, 경제 고문을 두고 의논하라고 여러 번 제안했고, 구체적인 방법과 도움까지 제시했지만 그들은 겸손히 우리의 제안을 받아들이지 않았다.

게다가 이전에 열어놨던 남한 기업의 진출을 완전히 봉쇄해버렸다. 1998년부터 '남조선 사람은 아무도 못 들어오게 하라'는 지시가 내려져서 남한 정부는 그들을 도울 수가 없었다. 그러는 사이에 중국과 러시아는 자기들의 국제적인 입지를 넓히기 위해 북한을 이용하기 시작했다.

북한은 20년 전부터 '강성대국 건설의 대문을 열어야 한다'는 경제 재건 정책을 발표하며 나선 지역 개발을 재추진했지만 실패만 거듭하고 있다. 실제로는 중국 보따리 장사들의 판을 만들어주었을 뿐이다. 그러는 동안 나진의 요지와 같은 땅은 중국에 다 팔아먹고, 항만을 빌려주어 중국과 러시아의 세계 진출의 문만 열어주었다.

북한 최대의 광산인 무산광산도 중국에 30년간 빌려주었고,

청진항은 물론 희토류가 나오는 함경남도 단천의 항만과 광산을 팔아먹어 커다란 국가적 손실을 가져왔다.

한국도 몇 번인가 나진항을 통해 러시아의 석탄을 사오는 것을 본 적이 있다. 나진항의 4,5,6호 부두 건설권과 50년 사용권을 중국이 확보한 상태이고, 러시아는 나진항 개발과 철도 개발을 수억 달러에 계약했으나 러시아의 경제가 어려워져서 흐지부지된 것 같다.

이래저래 북한은 실패를 거듭하고 있다. 보기에도 안타까울 지경이다. 동해도 팔아먹고, 서해도, 중요한 광산들도, 금강산도, 나진 선봉을 비롯한 그 외의 지역과 내가 알지 못하는 많은 것들을 이미 남의 나라에 빌려주거나 팔아먹은 상태이다.

그림의 떡 같은 유흥 시설

북한 주민들은 거의 모르고 있고, 남한에도 많이 알려지지 않았으나 나진에는 오랫동안 카지노가 운영되었다. 1997년, 홍콩의 임페리얼 그룹이 북한을 방문한 적이 있다.

불과 1-2년 지나지 않아 그들은 나진의 가장 아름다운 해변에 자리를 잡고 엄청난 투자를 해서 호텔과 카지노를 지었다. 놀음을 좋아하는 중국인들이 고객이었다. 내국인들은 들어갈 수 없을 뿐더러 카지노가 있다는 것도 잘 모른다. 막연히 소문으로만 알 뿐이다.

지난 20여 년간 그 기업은 카지노를 통해 많은 돈을 챙겼으며, 수많은 중국인이 재산을 탕진했다. 그러다가 중국의 공무원 한 사람이 국가 돈을 횡령하여 큰돈을 날리는 바람에 문제가 생겼다. 결국 중국의 압력으로 카지노 문을 닫게 되었다.

지금도 중국의 눈치를 보면서 간헐적으로 문을 여는 것 같다. 건강하지 못한 일확천금을 노리는 사업, 불로소득의 나쁜 정신을 길러주는 도박 사업은 결코 국가에 도움이 되지 않는다.

북한에서 나를 조사하던 담당자가 이렇게 물었다.

"우리나라에 좋은 것들이 얼마나 많은데 왜 나쁜 것만 보여주는가?"

북한 고아원의 실상을 교인들에게 보여줬기 때문이다. 그래서 나는 이렇게 답했다.

"북한의 죽어가는 고아들 수만 명을 먹이려고 하는데, 좋은 모습만 보여주면 누가 돕겠는가? 고아들이 있는 건 사실이 아닌가?"

지금껏 내가 과장한 것은 전혀 없다. 오히려 북한이 숨겨놓은 현실이 너무 많아 아는 것을 극히 일부만 썼을 뿐이다.

북한에는 정확히 말하면 평양에는 큰 유희 시설이 몇 개 있다. 쑥섬 과학기술전당, 문수 물놀이장, 경마장, 마식령 스키장, 중앙박물관, 현대식 수족관….

뿐만 아니라 2억 달러를 들여 지었다는 김정은의 초호화 저택과 천만 달러가 넘는 요트, 지방마다 세워진 화려한 특각(김정은 전용별장), 그를 호위하는 수백 명의 경호원, 값비싼 말, 수십 대의 호화 벤츠 등을 다 얘기하면 북한은 더 곤란해진다. 모든 것이 김정은과 관계되고, 평양에만 있기 때문이다. 지방 사람들에게는 그림의 떡이다.

마식령 스키장은 강원도에 있지만 평양에는 스키장을 세울 만큼 눈이 많이 오지 않아서 그곳에 세웠을 뿐이다. 사용하는 사람들은 대다수가 평양 주민과 외국인이다. 시골 사람들은 꿈도 꿀 수가 없다. 그곳에 갈 수 있는 대중교통 수단도 없으며 장비를 살 수도 없기 때문이다.

어쩌면 한 나라에 스키장 하나 겨우 세워놓고 지상천국이라고 선전할 수 있는지…. 우물 안의 개구리일 뿐이다. 그들이 최고의 시설이라고 자랑하는 것들에 대한 정보는 인터넷에 가득하다. 그러니 내가 선전해줄 필요도 없다.

오히려 북한의 어두운 현실은 가보지 않으면 알 수가 없다. 내가 본 북한을 사실대로 얘기하라면 너무나 할 말이 많지만 장마당을 보여준 것도 아니고, 죽어가는 비참한 사람들을 보여준 것도 아니다. 너무도 비참한 이야기는 목숨 걸고 그 땅을 넘어온 탈북자들에게서 얼마든지 들을 수 있을 것이다.

내가 처음으로 북한을 방문했을 때 안내하는 친구가 평안북도 구장군으로 우리 일행을 데리고 갔다. 거기서 나는 굶어 죽어가는 주민들을 직접 목격했다.

탁아소에 있는 아이들의 모습은 정말 비참해서 차마 눈을 뜨고 보기 어려웠다. 30여 명이 앉아있는데 피골이 상접해 마치 바짝 마른 명태를 만지는 것 같았다. 너무 괴롭고 미안해서 당장 염소 17마리 살 돈을 주었다.

그런데 더 놀라운 사실은 그 탁아소 원아가 총 120명이라는 것이었다. 그래서 나머지 90명은 어디 있냐고 물었더니 원장이 다른 아이들은 걸을 수 없어서 못 나왔다고 말해주었다. 어이가 없었다.

초등학교 교실을 방문했더니 거기도 마찬가지였다. 뼈만 앙상하게 남은 아이들이 힘없이 앉아있었다. 삼분의 일 정도는 출석을 했으나 나머지는 출석도 할 수 없는 실정이었다. 마침 점심시간이어서 아이들이 무얼 먹고 있기에 살펴보니 마른 강냉이 튀긴 것 몇 알을 먹고 있었다. 너무 맘이 아팠다.

교실을 나오는데 키가 작은 담임선생이 조용히 말하기를 어제도 교실에서 두 명이 죽어서 나갔다고 했다. 내 귀를 의심할 수밖에 없었다. 주민들은 나를 따라오면서 평양 관리들의 눈을 피해 계속 알려주었다. 얼마 전에는 탄광이 무너져 수많은 사람들이 매장되어 죽었다고. 양정 관리 책임자는 창고를 보여주면서 이제는 쥐들도 굶어 죽었다고 슬픈 목소리로 말했다.

동네에 들어가 무작위로 몇 집을 방문했다. 그런데 한 집 건너 한 명씩 누워있는 사람들이 눈에 띄었다. 어디가 아프냐고 물었더니 모두 배가 고프다는 말뿐이었다. 눈에 보이는 현실이 믿어지지 않았다. 그 후로 나는 그곳을 세 번 더 다녀왔다. 한 번은 강냉이 300톤을 가지고 갔고, 그다음에는 고난의 행군이 끝났다는 시점에 가보았다. 그러나 죽은 동네 같은 모습은 여전했다.

사선을 넘어온 탈북자들

오죽하면 목숨을 걸고 두만강과 압록강을 넘어 식량을 구하러 탈출했겠는가? 수십만 명이 그렇게 사선을 넘어왔다. 그들은 중국을 헤매고 다니다 여자들은 인신매매단에 의해 팔려가고, 남자들은 여기저기 숨어 막노동을 하고, 그러다가 공안에게 붙잡히면 곧바로 북한으로 이송된다.

북한에 돌아가면 노동 교화소나 단련대에 들어가서 죽도록 얻어맞고 무서운 고문을 받는다. 임신한 여인의 배를 발로 차서 낙태를 시키고, 아이들을 무자비하게 죽이기도 한다. 너무 잔인해서 듣기 무서울 정도이다. 여자들을 욕보이는 것은 비일비재한 일이다. 그렇게 억울하고도 고통스럽게 죽어간 사람들이 얼마나 많은가.

세계에 난민들이 속출하고 있지만 북한 난민은 좀 더 특이하다. 가장 자유가 없는 나라에서 자유를 찾아 나온 사람들이며, 먹고 살기 위해 뛰쳐나온 식량 난민이며, 독재자의 폭력 정치가 싫어 목숨 걸고 탈출한 사람들이기 때문이다.

나와 6년을 함께 살았던 탈북자 가정은 몽골을 통해 넘어왔다고 했다. 눈물 나는 얘기를 다 할 수 없지만 그 형제는 혼자 물을 사가지고 오려다 국경 감시가 너무 심해서 그냥 넘어오게 되었다고 한다.

사막에 먹을 물이 없어서 길가에 소똥과 함께 고인 물을 먹고 걷다가 지쳐 쓰러지게 되었는데, 마침 멀리서 망원경으로 보던 몽골 국경 수비대에게 발견되어 살아난 것이다.

그렇게 죽음의 고비를 여러 번 넘으면서 남한까지 오게 되었지만 한국 생활에 적응하지 못했다. 이등 국민 대우를 받았고, 전기 기술자로 취직을 하려다가 북한 출신인 것을 밝히면 거절을 당해 심각한 우울증에 시달렸다.

좌절과 실망이 계속되는 가운데 캐나다에 대한 정보를 받고 무작정 온 것이다. 그는 성실하게 일했다. 세금도 내고, 영주권도 받고 벌써 10년째 잘 적응하고 있다. 이젠 차도 사고 집도 사고 얼마나 열심히 사는지 모른다.

반면 어렵게 캐나다까지 찾아왔지만 거짓말로 난민 신청을 했다며 한국으로 추방당한 사람들도 많다. 그런 이들을 보면 너무 안타깝다. 브로커들의 속임수를 따라 하다가 몇 년의 세월을 허비한 것이다. 이리저리 사기를 당하는 탈북자들이 얼마나 많은지 모른다.

그들은 북한에서는 조국을 버리고 간 배신자, 변절자라는 소리를 듣고, 남한에서는 무시와 천대를 받는다. 그 땅에 태어난 죄밖에 없는 사람들이다. 가족과 생이별하고 온 사람들이다. 우리가 따뜻하게 영접해주지 않으면 누가 그들을 돌봐주겠는가?

목숨 걸고 넘어온 30,000명의 탈북자도 교회가 돌보지 못한다면 2,000만 명의 동족들을 어떻게 감당하겠는가? 성경은 "형제는 위급한 때를 위하여 났느니라"(잠 17:17)라고 말씀한다. 위급할 때 돕는 사람은 형제밖에 없다.

중국은 난민 수용소를 만들지 않기에 북한 사람들이 정착할 수가 없다. 러시아도 정착하기 어렵고, 동남아시아도 그들이 살 만한 곳이 되지 못한다. 그렇다고 아프리카에 갈 수도 없다. 결국 그들을 맞아주어야 할 사람은 같은 형제인 우리뿐이다.

한국교회가 입양 운동과 영친 운동을 통해 그들을 돌보아야 한다. 한 교회가 한 명씩만 맡는다면 충분히 감당할 수 있을 것이다.

지금 세계 어느 나라도 북한을 도와주지 않는다. 탈북자들은 안데르센 동화에 나오는 미운 오리 새끼처럼 미움 받으며 이리저리 쫓겨 다니고 있다. 그러나 언젠가는 자기가 백조라는 것을 깨닫고 백조들과 함께 살게 될 것이다.

그들이 백조라는 것을 가르쳐줄 수 있는 친구 백조들이 필요하다. 탈북자들을 사랑으로 돌봐주는 자에게 복이 있나니….

증오로 가득한 북한 사람들

북한을 다스리는 영의 세력은 죽음의 영이다. 저주와 궁핍의 영이다. 적개심의 영, 증오의 영이다. 43,000개나 세워져 있다는 혁명 사적관에서는 날마다 사상 교육이 이루어지고 있다.

'주체혁명위업 계승의 역사를 빛내어 이어가자'는 당의 뜻을 받들어 혁명 사상을 교육시키고, 온갖 사진을 모아서 미 제국주의를 물리치자고 선동한다.

그래서 북한 인민들의 머릿속은 미국인들에 대한 증오와 저주와 미움으로 가득하다. 군인들의 경우는 더하다. 눈빛이 보통사람들과 다르다. 적개심과 복수심의 에너지가 가득하다.

2015년 1월, 에볼라 바이러스 때문에 모든 방문객들을 3주 동안 격리시키던 때였다. 나도 나진에 들어가기 위해 얼마간 격리되어 기다렸다. 함께 있던 사람들과 이런저런 얘기들을 하다가 "남조선 사람들…"이라고 했더니 군인 같은 젊은이가 나를 쏘아보면서 소리 질렀다.

"남조선 사람들이 뭐요? 남조선 새끼들이지….."

평소에 가득했던 증오심이 폭발한 것이었다. 적개심이 속에 꽉 차 있는 게 느껴졌다.

내가 교화소에 있는 동안 몸이 다 망가져서 두 달 동안 입원한 적이 있다. 병원에서는 TV를 볼 수 있었는데, 방송을 보며 내 귀를 의심하지 않을 수 없었다.

방송에서 박근혜 대통령 탄핵 선동을 하고 있었는데, 공영 방송에서 남한의 대통령을 언급하면서 온갖 쌍소리를 다 했다. 이명박 대통령에게도 온갖 저주를 퍼부었다. 내 귀로 분명히 들었다. 평양 시내 한복판에서 종일 선전대들이 확성기까지 들고 소리치고 있었다.

그들은 당에서 결정한 대로 외친다. 행동도 획일화되어 있다. 심지어 봉수교회에서조차 '아멘'이라는 말을 개인적으로 자유롭게 하는 것을 들어본 적이 없다. 누군가 선창을 해야만 따라서 '아멘'이라고 한다. 그러므로 박근혜, 이명박 대통령을 욕하는 것은 이미 당의 지시가 내려왔기 때문이다.

온 시민들의 목소리가 똑같다. 개인의 의견이나 사상, 가치관은 당의 결정에 파묻힌다. 그 당의 결정이라는 것은 당의 두뇌라고 불리는 수령의 지시에 근거한 것이다. 모든 것이 수령에게서 나온다고 해도 과언이 아니다. '인민이, 인민에 의해, 인민을 위해'라는 구호는 있지만 아무리 생각해도 인민은 로봇이지 주체가 아니다.

북한 노동자들은 가혹한 노동을 하면서도 그 대가를 전혀 받지 못한다. 수많은 북한 주민들이 이유 없이 강제수용소에 끌려가 고문, 학대, 기아, 강간과 살인을 견디며 고통스럽게 살고 있다. 실제로 자유민주주의 국가에서 볼 때 북한은 거대한 감옥이다. 그들이 남조선을 해방할 것이 아니라 남한이 북한을 해방시키는 것이 맞는 말이다.

언제나 서로 감시하는 사회

북한 사람들은 서로 믿을 수 없는 사회 구조를 가지고 있다. 교화소에서도 그런 분위기를 충분히 감지할 수 있었다. 심지어 소장도 보안원들의 눈치를 살폈다. 석방되기 몇 달 전에 한국에서 보내온 책을 몇 권 받았다. 내가 부탁한 책이 기적같이 도착한 것이다. 그 중 한 권은 자연농업에 대한 책이었다. 조한규 소장님이 직접 사인을 해서 보내주셨다.

교화소 소장은 그 책에 관심이 많았다. 농사에 남다른 관심이 있었기 때문이다. 내가 소장에게 그 책을 주겠다고 했더니 너무나 좋아했다. 그런데 뭔가 눈치를 보는 듯했다. 보안원 중에 한 사람이 그것을 눈치 챘기 때문이다. 그가 "남조선 책을 어떻게 읽느냐"고 소장을 비판한 것 같았다.

그는 책을 받지 못하겠다며 내용을 간단히 적어달라고 했다. 손으로 쓴 것은 주어도 된다면서. 그래서 책 한 권을 내 손으로 적어주었다. 얼마나 기막힌 일인가? 무슨 사상이나 이념을 기록한 책도 아니고 농사에 관련된 책인데도 남조선 책이라는 이유로 읽을 수가 없다니.

북한은 창조적으로 일할 수 없는 사회 구조이다. 괜히 일을 벌였다가는 역풍을 맞기 쉽다. 꼭두각시처럼 당의 지시를 따라야 한다. 노예처럼 눈치 보며 살아야 한다. 개인은 없고 오직 집단의식만 있을 뿐이다.

그들은 오직 김일성에게만 충성해야 한다. 전 국민이 무거운 권위에 눌려있음을 느낄 수 있었다. 그럴 수밖에 없는 것이 그들은 매주 총화(공개적으로 자아비판을 하고 마을 사람들끼리 상호비판을 해야 하는 북한 특유의 회의 방식)를 한다. 어디에나 감시 체계가 있다. 보위부의 눈을 피할 수 없다.

나는 북한 사람들이 항상 눈치를 보는 것을 정말 많이 느꼈다. 간부들도 항상 조심한다. 김일성 일가에 대해서는 한마디도 하지 못한다. 오직 찬양만 할 뿐이다. 그러나 혼자 있을 때는 마음에 담고 있던 말을 한다.

비행기에서 두 번 만난 김정남

김정일이 많이 아플 때 프랑스 의사들을 부른 적이 있는데, 그 의사를 김정남이 데리고 온 것 같다. 북한은 주로 프랑스 의료진을 믿는 듯했다. 중병이 든 관리들을 프랑스에 보내서 치료하는 것을 몇 번 보았다.

김정남은 머리부터 발끝까지 명품 일색이었다. 몇만 달러어치를 몸에 걸치고 다니는 듯했다. 동양계 외국인 여성이 그와 함께 있었는데, 그를 지키는 보디가드 같지는 않았다.

나는 북한을 다니면서 두 번이나 김정남을 봤지만 경호원을 본 기억은 없다. 항상 외국인 여성이 동행했다. 김정남이 바로 내 옆에 앉았기에 그와 이야기를 나눠보고 싶었으나 결국 용기를 내지 못했다. 비행기 안에 있던 북한 사람들도 그를 잘 모르는 것 같 았다.

중국에 도착해서도 그는 바로 내 앞에 서 있었고, 세관원이 모 자를 벗으라고 요청하자 즉시 모자를 벗었다. 그는 항상 모자를 쓰고 다녔으며 거의 무표정이었다.

그래도 김정일이 살아있을 때는 대우가 괜찮았다고 들었다. 장성택과 김경희(김정일 동생)는 프랑스에서 공부하던 무남독녀 외딸이 자살한 이후 김정남을 아들같이 돌봐주었다고 한다. 비 자금도 수백만 달러씩 보내준 것 같다. 그래서 김정은이 위협을 느낀 것 같다. 장성택은 내가 북한의 감옥에 들어가기 전에 죽였 고, 김정남은 내가 감옥에 있는 동안 죽였다.

나는 김정남이 죽었다는 소식을 석방된 후 캐나다 특사들에게 서 들었다. 북한의 수령은 백두혈통만 하도록 되어있기에 위협을 느낀 김정은이 위험요소를 없애고자 장성택과 김정남을 죽여버 린 것이다.

그런 의미에서 김정은은 정말 악한 사람이다. 형과 고모부를 서슴지 않고 죽이다니 얼마나 잔인한가? 그래서 김정남의 아들 김한솔은 지금 어디엔가 숨어있는 것 같다. 만약의 사태에 대비 해 김정남을 보호하려던 중국 정부의 수고도 수포로 돌아간 것 이다. 그가 앞으로도 얼마나 더 많은 사람들을 죽일지 모른다.

오래전부터 북한에서는 삼대 세습을 준비해왔다. 김일성, 김정일, 김정남 3대 충성을 맹세시키는 운동을 한 적도 있다고 들었다. 그러나 김정은은 그 할아버지 김일성에게도 인정받지 못했고, 할아버지에게 양육 받은 손주도 아닌 것 같다. 정통 혈통이 아니기 때문이다.

《김일성 회고록》에서 김일성의 손주가 6명이라는 내용을 읽은 기억이 있다. 그들의 이름은 밝히지 않았으나 김정은이 그 중 한 명인 것 같다.

김정남은 일본 공항에서 있었던 가짜 여권 사고 때문에 희생된 것 같다. 아마 김정일의 고민이 컸을 것이다. 맏아들 김정남을 후계자로 세우려던 계획에 큰 차질이 생기면서 고영희의 유언을 듣고 김정은을 후계자로 결정하는 갑작스런 변화를 일으킨 것 같다. 그때부터 김정남은 본의 아니게 해외 도피생활을 하게 된 것이다.

내 눈에 비친 김정남은 살이 많이 찌긴 했지만 악한 사람 같지는 않았다. 그러나 어딘가 불쌍해 보였다. 그는 외롭게 도피생활을 하다가 급사하고 말았다.

평생 노예생활

내가 아는 당 간부의 고백이다. 그는 지금 이 세상 사람이 아니기에 말할 수 있다. 그는 나를 만날 때마다 온갖 불만을 털어놓곤 했다. 내가 중국 구경을 시켜준 다음부터는 더 심해졌다.

자기 아들이 평양 군부대에서 근무하고 있는데 김정은이 공포정치를 한다는 얘기를 들었다고 했다. 그는 나와 함께 있는 시간이 많았다. 나는 나진 선봉 거류증이 있었기에 북한 보위부에서 따라다니지 않았다. 그래서 상당히 자유로운 편이었다. 게다가 함경북도 담당 해외동포원호위원회 처장도 잘 알고 지냈기에 나진 선봉을 넘어 회령과 샛별 등 중국 국경지대도 나름 자유롭게 다녔다.

비자 없이 내륙을 다니는 것은 불법이었지만 처장의 권위로 어느 정도는 다닐 수 있었다. 아마 그들끼리도 뇌물을 쓴 모양이었다. 뇌물이라야 담배 몇 갑 정도였을 것이다.

재미있는 것은 그 처장도 당 간부도 나만 만나면 북한의 지도자 김정은에 대한 불만을 여과 없이 털어놓았다는 점이다. 일대일로 말할 때는 거침이 없었다. 그 당 간부는 어느 날 "나는 내 세대에서 그 지겨운 노예 시대가 끝나는 줄 알았다. 그런데 이제는 아들 세대까지도 노예생활을 하게 되었다"라고 하면서 한숨을 푹푹 쉬었다.

그는 노예라는 말을 강조했다. '얼마나 힘들고 고통스러우면 그럴까' 하는 생각이 들었다. 그러면서 그는 자기 형제들이 명절날 모이면 서로 김정은을 욕하느라 바쁘다고 했다.

그의 형제 중에는 보위부에서 일하는 사람도 있었고 다들 잘나가는 관리였다. 그들은 북한 정권에 대한 불만세력이고 반동분자였지만 특유의 처세술로 그 안에서 관리 역할을 하고 있었던 것이다.

함경북도 사람들은 그 땅이 유배지라는 의식 때문에 불만이 많았다. 그럴 수밖에 없는 것이 평양에서 당에 대한 충성심이 의심되거나 동요 계층으로 분류되면, 당성이 없다는 이유로 지방으로 숙청되는 경우가 많기 때문이다.

북한에서는 날마다 학살과 처형, 숙청, 철직(일정한 직책이나 직위에서 물러나게 함)이 계속된다. 그러니 서로 믿지 못한다. 모든 관계가 형식적일 수밖에 없다. 그러다가 나같이 믿을 수 있는 사람을 만나면 마음속의 불만을 여지없이 털어놓는다.

의문의 교통사고

북한에서는 아무런 증인도 없이 사라지는 인물들이 많다. 앞서 얘기했던 윤 동무가 내 차를 운전하게 된 것은 노동당 비서였던 그의 상관 김용순 비서가 죽었기 때문이다.

북한 2인자로 알려진 그는 혼자 운전하다가 교통사고로 죽었다고 한다. 그러나 누구도 그의 죽음에 대해 말하지 않는다. 그렇게 죽은 사람이 생각보다 많다.

교통사고가 많은 이유는 차가 많기 때문이 아니다. 오히려 북한은 차가 별로 없어서 차에 대한 경계심이 적기 때문에 사고가 많은 것 같다. 게다가 의문의 죽음을 교통사고로 발표하는 일이 많다.

김정일은 10여 명의 고위급 관리를 처형했다고 들었다. 그러나 김정은이 권력을 장악한 이후에는 고위급 관리만 70여 명이 넘게 처형되었고, 일반계층도 수만 명이 감옥신세를 면하지 못하거나 지방으로 숙청되거나 탄광으로 보내졌다.

이런 일이 워낙 비일비재해서 다들 그런가 보다 하는 것 같다. 내가 아는 나진 부위원장도 장성택 처형 이후 갑자기 사라졌다. 그는 장성택의 힘으로 승진한 사람이었다. 그 사람뿐 아니라 어느 날 갑자기 사라진 사람들에 대한 소문이 자자하다.

마르크스와 레닌 대형 초상화 철거

1990년 중반, 평양을 처음 방문했을 때 김일성 광장 한복판에 마르크스와 레닌의 대형 사진을 걸어놓은 것을 보고 깜짝 놀랐다. '아무리 소련을 추종한다고 해도 평양 한복판에 남의 나라 사람의 초상화를 모시고 있는가' 생각하니 한심했다.

마르크스와 레닌은 전 세계 공산주의자들에게는 영웅 중의 영웅이다. 김일성은 스탈린의 도움을 받아 이북을 장악했기에 그를 숭상할 수밖에 없었을 것이다(진짜 김일성 장군의 이름을 따서 김성주가 김일성으로 이름을 바꾸고 보천보 전투의 영웅으로 둔갑한 뒤, 스탈린의 힘을 등에 업고 탄생한 것이 북한 정권이다). 그들은 자주 정신을 외치고 주체사상을 외쳤지만 속으로는 마르크스주의자였다.

이것은 누구나 다 알고 있고, 역사의 기록으로도 분명히 남아 있는 현실이다. 김일성은 철저한 사대주의자다. 순수한 독립운동가도 아니었고 소련에서 배운 공산주의 사상을 추종하는 것이 전부였다고 할 수 있다.

2012년, 김일성 광장에서 레닌 초상화를 제거한 이후 북한은 전 세계 공산주의자들의 비판을 받았다. 그때부터 노골적으로 김일성 민족, 백두혈통 사상이 북한에 뿌리 내리며 수령 유일사상에서 빗나가면 사상적 비판을 받았다.

북한에는 법보다 더 센 것이 김일성 교시이고, 노동당 유일사상 10대 원칙이다. 가능하면 한번 찾아서 읽어보라. 이런 교주는 세상에 없다. 수령 절대 사상 때문에 북한은 망할 수밖에 없다. '절대 권력은 절대 부패한다'는 상식에서도 한참 벗어난 것이 수령무오 사상이다. 전 인민을 수령을 떠나서는 아무것도 할 수 없는 바보를 만들어놓았다.

무엇이든지 열매로 판단해야 한다. 열매를 보면 알 수 있기 때문이다. 북한 70년의 열매를 보라. 가난과 저주와 고통과 배고픔과 죽음뿐이지 않은가. 그것이 미국 때문인가? 공산주의의 붕괴 때문인가? 그것은 부분적인 이유일 뿐이다.

'극단적인 이단 종교'라는 말밖에는 적절한 말이 없다. 주체사상이라는 종교에 얼마나 많은 사람들이 사기를 당하고 있는지 모른다. 한 인간을 하나님처럼 숭배하는 어리석은 모습에 화를 참을 수가 없다.

김일성은 인간의 종교성을 최대로 이용했다. 김일성 집단이야 말로 최고 존엄 모독 죄를 한없이 지은 사람들이다. 어떻게 더러운 죄를 지은 인간에게 '최고 존엄'이라는 거룩한 용어를 쓸 수 있단 말인가?

어떻게 나라가 망해가는데 기쁨조를 운영하고, 백성들이 굶주려 비참하게 죽어가는데도 최고급 벤츠 승용차를 수십 대씩 사들이고, 최고급 위스키를 엄청나게 사들인단 말인가. 남북정상회담 식탁에는 곰 발바닥이 한 사람당 한 개씩 수백 개가 나왔다는 말을 담당자로부터 들었다.

수억 달러짜리 호화 별장을 지어놓고 옛날 왕들보다도 호사스럽게 살면서 어떻게 수령은 끼니를 거르면서 산다고 거짓말을 할 수 있을까? 사단은 거짓말과 위장의 천재다. 거짓말을 진리처럼 믿게 만든다. 진리가 없으면 이런 것이 분별이 안 된다.

빛 가운데 살지 못하기 때문에 어둠 속에서 분별을 못하고 이리저리 방황하는 것이다. 북한뿐만이 아니다. 이 세상의 모든 거짓의 정체는 어둠이다. 비진리이다. 그래서 우리는 거짓의 정체를 드러내야 한다. 이것은 누가 할 수 있는가? 빛 가운데 사는 사람들만이 할 수 있다.

"빛의 열매는 모든 착함과 의로움과 진실함에 있느니라"(엡

5:9)라고 성경은 말한다. 착하기만 해서도 안 된다. 의로움이 있어야 한다. 그리고 모든 것에 거짓이 없이 진실해야 한다. 사단은 처음부터 거짓말쟁이요 살인자였다. 북한이 거짓의 영으로 가득하고, 살인의 영이 판을 치는 것도 이상한 일이 아니다. 그렇게 살 수밖에 없는 것이다.

이제부터라도 북한의 정권을 잡은 이들이 이런 죄를 회개하고, 인간 우상을 버리고 하나님께 돌아온다면 북한은 하나님의 축복을 회복할 수 있다. 그러나 계속적으로 거짓과 어둠에 속해서 산다면 그들의 미래는 하나님의 진노밖에는 받을 것이 없다. 나는 이것이 너무 마음이 아프다.

물론 남한도 마찬가지이다. 하나님을 쫓아낸 뒤 인간들이 그 자리를 차지하고 사람이 우선이라고 외친다면 형벌을 면치 못할 것이다. '사람이 우선이다. 사람이 주인이다'라는 말은 하나님을 최우선으로 전제할 때만 가능하다.

'차선은 최선의 적이다'라는 말이 있다. 최선이 있는데 왜 차선을 택하는가? 제발 이제는 모든 사람이 빛 가운데 나오면 좋겠다. 어둠 속에서 방향 감각도 없이 떠들며 싸우지 말자. 빛 가운데로 나오면 질서가 잡힌다. 방향성도 분명해진다. 목표도 보이고, 옆에 있는 사람들도 한 형제자매로 보일 것이다.

'사랑이 답'이라는 것을 깨달아야 한다. 빛과 생명과 진리와 사랑이 사람 사는 법이다. 거기에서 사람들의 양심의 기능도 살아난다. 양심을 통해 말씀하시는 하나님의 음성을 들을 수가 있는 것이다. 그런 의미에서 나는 오늘날 가장 큰 문제는 크리스 천이라고 생각한다. 하나님을 믿는다고 하는 사람들만 빛이 되고 소금이 되어도 우리나라에는 문제가 없을 것이다. 소금이 3퍼센트만 있어도 거대한 바다가 정화되어 부패하지 않는다는 것을 너무도 잘 알고 있지 않은가. 그렇다면 기독교인으로서 우리는 아무 할 말도 없을 것이다. 소금이어야 할 교회가 부패했고, 빛이어야 할 교회가 어둠이 되어버렸으니 말이다.

그래서 나는 우리 교회들의 죄, 특히 교회 지도자들의 죄를 먼저 회개하는 것이 순서라고 생각한다. 구약 예언서를 읽어봐도 먼저 회개할 사람들은 죄다 제사장들이었다. 하나님께서 제사장을 책망하시는 소리가 가득하지 않은가?

지도자들의 타락 때문에 교회가 망가지고 있다. 상향식이 아니라 하향식 문화가 언제나 문제이다. 예수님은 섬기라고 말씀하셨건만 우리는 잠시 그런 생각은 하지만 조금 지나면 또다시 하향식으로 돌아선다. 그리고 군림하기 시작한다.

종교 지도자들이 부패하기 시작하면 나라가 망한다. 개인도, 단체도, 교회도, 나라도 상향식 구조가 정착되고, 섬김의 지도력이 뿌리를 내릴 때 그곳에 소망이 있다. 그런 의미에서 힘들지만 교회의 지도자들부터 태도를 바꾸면 좋겠다.

교회가 세상을 변화시키지 못하는 것은 세상을 본받기 때문이다. 주께서는 세상을 본받지 말라고 말씀하셨건만 우리는 얼마나 세상의 영광을 추구하는지 모르겠다.

이스라엘 백성들은 언제나 영광의 하나님의 얼굴을 구하고 사모했다. 영광의 하나님의 얼굴빛이 조금이라도 우리 가정에 비추이면 우리는 언제나 전능자의 도움을 느끼면서 살게 된다. 전능자의 도움으로 모든 일이 형통하게 된다. 그리고 하늘이 주시는 평안한 삶을 누리게 된다.

성경은 "하나님의 나라는 먹는 것과 마시는 것이 아니요 오직 성령 안에 있는 의와 평강과 희락이라"(롬 14:17)라고 가르친다. 신자건 불신자건, 보수건 진보건 누구나 할 것 없이 죄인들은 예수 그리스도의 십자가 피로 씻음 받고 죄사함 받아 하나님의 자녀가 되기까지는 소망 없는 존재이다.

9장
미래의
북한

동양의 예루살렘, 평양

지금으로부터 111년 전의 우리나라 모습을 아는가? 아마도 가장 참담한 시기였을 것이다. 조선 왕조 500년 역사는 부패와 타락으로 망하고 일본에 나라를 빼앗길 위기에 놓여있었다.

고려 시대가 불교 전성기를 맞으며 타락했다가 망했던 것처럼, 조선 시대도 유교로 부패되어서 망하기 직전이었다. 양반과 상놈, 동인과 서인, 남인과 북인으로 서로 나뉘었고, 사회적 장벽은 높아만 갔다. 탐관오리들로 인해 나라는 깊이 병들었다.

집집마다 축첩제도로 인하여 가정이 무너져 내렸고, 여자와 아이들은 이름도 없는 존재로 인권이 유린되었다. 교육을 받지 못한 여자와 평민들은 글을 읽을 줄 모르는 무학자(無學者)였다. 다른 나라에서는 과학이 발전하고, 엠파이어 스테이트 빌딩이 올라가고, 운하를 건설해서 배들이 도시 한복판으로 다니고, 무역선들이 세계를 오갈 때였다.

그러나 우리나라는 쇄국정책을 써서 아무런 발전을 못하고 있었다. 도덕적으로 캄캄했고, 문화적으로도 어두웠다. 국제적 교류도 없었다. 이제 막 선교사들의 도움으로 이민 역사가 시작될 무렵이었다.

이때 다행히 천국 복음의 빛이 어둠의 땅을 비추었다. 미션스쿨이 세워져 무지한 백성들에게 교육의 기회가 주어졌고, 도처에 병원이 세워져 병으로 고통받던 사람들이 치료를 받게 되었다.

빚더미에 올라앉은 나라를 위해 기독교인들이 들고 일어나 국채 보상 운동을 진행했고, 교회는 술로 찌든 사회를 구하고자 주초(酒草) 금지 운동을 일으켜 경건한 삶에 힘썼다.

마을마다 교회가 세워졌고 산골짜기마다 예배당 종소리가 울려 퍼졌다. YMCA가 세워지면서 건강한 문화가 뿌리내리게 되었다. 선각자들은 나라와 민족을 살리기 위해서 가나안 농군학교 같은 농촌 살리기 운동을 펼쳤고, 평양신학교가 세워지면서 하나님의 종들을 길러냈다.

월남 이상재, 독립운동가이며 임시정부 주석을 지냈던 백범 김구, 도산 안창호, 전국적으로 무궁화 심기 운동을 벌인 남궁억, 물산장려운동을 벌이고 오산학교를 세운 조만식 등 수많은 애국지사들이 나타났고, 교회에도 길선주, 손양원, 최권능, 주기철, 한상동 같은 지도자들이 등장했다.

드디어 어둠이 걷히고 희망찬 아침이 밝아오기 시작한 것이다. 부흥은 평양 땅에 먼저 찾아왔다. 선교사들부터 회개 운동이 일어났고, 이어서 평양 장대현교회를 중심으로 부흥의 불이 붙었다. 처음으로 경험하는 부흥이었다.

부흥은 하나님의 선물이다. 그 이상의 축복은 없다. 수많은 사람들이 회개하고 주께로 돌아왔다. 교회가 부흥되면서 도시가 변하기 시작했다. 평양에서는 주일이면 가게 문을 닫을 정도였다. 성시화 현상이 나타난 것이다.

그때 처음으로 우리 민족은 영적 부흥을 경험하게 되었다. 하나님께서 부어주시는 은혜를 경험했다. 곳곳마다 사경회가 열렸으며 말씀 잔치가 열렸다. 이성봉 목사 같은 부흥사들이 등장해 교회 부흥을 건전하게 주도했다.

타협 불가능한 진리

나는 비판을 많이 받는 편이다. 좌파라는 사람들은 북한 정권을 비판한다고 나를 경계하고, 우파라는 사람들은 빨갱이를 돕는다고 싫어한다. 심지어 토론토에서도 그런 소리를 종종 듣는다.

토론토에는 친북 인사로 분리되는 사람들이 있다. 나는 그들과도 가능한 한 허물없이 지내려고 노력한다. 그들 중에는 나를 경계하는 사람도 있음을 알고 있다. 그러나 그들이 다 나쁜 것은 아니기에 정죄하지 않는다.

사람이기에 보수든 진보든 어느 정도 치우칠 수 있다. 그러나 그것이 지나쳐서 극좌나 극우로 가는 것은 위험하다. 어떤 면에서 이념이라는 것이 이미 그의 정신적인 우상이 되어버렸기 때문이다.

나는 오직 예수님만 따라가면 된다고 생각한다. 좌로나 우로 치우칠 필요가 없다. 완전하신 롤모델이 계시기 때문이다. 주님처럼만 살면 된다. 진리가 있다면 그것으로 충분하다. 진리의 길만 걸으면 되기 때문이다.

누가 나를 빨갱이라고 불러도 좋고, 보수라고 불러도 좋다. 나는 보수도 아니고 진보도 아니기 때문이다. 나는 오직 예수 그리스도밖에는 아무것도 모르기로 작정한 사람이다. 십자가 외에는 자랑할 것이 아무것도 없는 사람이다. 나는 하나님 앞에서 죄인일 뿐이다.

"네 원수가 주리거든 먹이고 목마르거든 마시게 하라"(롬 12:20)라고 하신 말씀처럼 살면 되지 않는가? "너희 원수를 사랑하며 너희를 박해하는 자를 위하여 기도하라"(마 5:44)라고 하신 말씀대로 살면 되지 않는가?

그러면 북한의 군인들도 먹일 수 있다. 북한의 굶주리는 주민들은 물론 고아와 노인들까지. 성경대로만 살면 된다. 복잡할 것도 없고, 애매할 것도 없다. 사랑은 불의를 기뻐하지 않기에. 사랑은 악한 것을 생각하지 않는 것이기에.

그리고 '통일'이라는 과제보다 더 중요한 것이 있다. 통일 지상론자들에게는 이상하게 들릴 수도 있겠으나 통일보다 앞서는 것이 있다. '무엇이 우리나라에 분단을 가져왔는가? 6.25전쟁은 왜 일어났는가?' 하는 신학적 질문을 던져야 한다.

우리의 죄 문제를 해결하지 않으면 근본적인 해결이 될 수 없다. 그러므로 우리가 저마다 지은 죄에서, 악에서 떠나는 것이 우선이다. 모든 백성들이 베옷을 입고 금식하며 죄를 자백해야 한다. 그리고 하나님나라의 꿈을 품고 그의 나라와 그의 의를 먼저 구해야 한다. 통일은 우리가 하는 것이 아니다. 이스라엘처럼, 독일처럼 하나님의 선물로 받아야 한다.

때와 시기는 아버지께서 자기의 권한에 두셨으니
너희가 알 바 아니요
오직 성령이 너희에게 임하시면…
내 증인이 되리라
행 1:7,8

통일을 기다리는 사람이 먼저 변해야 한다. 그렇지 않으면 세상은 전혀 변하지 않는다. 사람이 변하는 유일한 길은 예수 그리스도를 개인적으로 만나는 것이다. 주께서 "내가 곧 길이요 진리요 생명이다"라고 하셨기 때문이다. 이것이 사실이 아니라면 기독교는 아주 배타적인 사기 집단일 뿐이다. 그러나 그것이 사실이기에 모든 사람은 예수를 믿고 구원을 받아야 한다.

예수 없이도 구원이 있다면 기독교처럼 비참한 종교는 없을 것이다. 그러나 예수가 진리라면 다른 것들은 모두 가짜가 될 수밖에 없다.

진리는 타협이 불가능하다. 진리는 그래서 독선적이고, 철저히 배타적일 수밖에 없다. 이것도 좋고 저것도 좋다는 말은 아무것도 안 좋다는 의미와 같다. 예수 그리스도의 도전 앞에서 우리는 선택해야만 한다.

북한 덕분에 받은 남한의 축복

북한 덕분에 남한이 받은 축복이 너무 많다. 우리나라는 북한 때문에 육로로는 아무데도 갈 수 없는 섬나라처럼 지난 70년을 살아왔다. 그러나 그런 것이 몹시 불편하긴 해도 불행한 것은 아니었다.

사방이 다 막혔기 때문에 우리는 배를 열심히 만들었고, 비행기도 만들었고, 수출 주도형의 경제를 발전시켰다. 자원이 없으니 두뇌 개발에 힘써서 결국 수많은 인재를 길러낼 수 있었다. 그 결과 오늘날 세계 경제 10위 국가의 대열에 당당히 서게 된 것이다. 이것은 역사의 기적이었다.

우리는 화학제품, 철강제품, 태양광 발전, 메모리 반도체, 조선, 자동차, IT, 건설, 화장품, 게임 수출 등에서 우수한 성과를 거두고 있다. 이런 경제의 기적은 전쟁을 치른 나라들 중에서 유일하다.

강력한 군대도 북한 때문에 가능했다. 강력한 기독교가 된 것 역시 북한 때문에 가능했다. 북한은 수시로 무장 간첩을 보내고, 박정희 대통령을 살해하라는 지령을 받은 특수부대를 내려보내 청와대를 습격하고, 미얀마 폭파 사건을 일으켜 수많은 인재를 죽였다.

대한항공 858편 폭파 사건(Korean Air Lines 858 Suspicious Bombing)을 일으키고, 천안함 폭침 사건으로 국군 장병 46명을 죽이고, 미루나무 사건으로 미군 장교를 도끼로 쳐 죽이고, 그 외에도 수많은 나쁜 짓을 해왔다.

땅굴이 발견되면서 비대칭 전략을 쓰는 북한의 음모가 드러나기도 했다. 이 땅굴은 월남의 구찌 땅굴과 하마스(Hamas)가 파 놓은 수십 개의 땅굴과도 관계가 깊다. 김일성도 그의 책에서 "한 개의 땅굴을 파는 것이 원자탄 하나의 파괴력보다 더 크다"라고 강조한 바 있다.

그렇기에 남북이 분단된 동안 남한의 기독교인과 교회가 얼마나 울부짖으며 기도했는가? 북한의 무서운 전략을 만날 때마다 하나님 앞에 나아가 수없이 부르짖은 덕에 세계에서 가장 강력한 기독교가 만들어진 것이다.

어떻게 보면 다 위대한 수령 덕분(?)이다. 이들이 우리를 너무 많이 괴롭혔기 때문이다. 그러나 결과적으로 이 모든 것은 전화위복의 기회가 되었다. 그렇기에 우리는 고난도 감사할 수 있다.

이제 원망할 것은 아무것도 없다. 미국도, 러시아도, 일본도, 중국도 다 용서하자. 우리 민족 지도자들의 허물과 죄도 다 용서하자. 인간의 실수와 허물 가운데서도 합력하여 선을 이루시는 하나님께 감사하자.

민족 화해의 비결

하나님의 사람 요셉은 아름다운 믿음의 사람이다. 그의 이야기가 얼마나 아름다운지 안 믿는 사람들조차 많이 알고 있다. 수천 년 동안 수많은 사람들에게 감동을 주었다.

요셉은 성경을 기록한 사람도 아니고, 선지자도 아니다. 목사도, 제사장도 아니다. 그런 일을 했다는 아무런 기록이 없다. 그는 아주 평범한 사람이었다. 그러나 역사에 가장 강력한 영향력을 끼친 하나님의 사람이 되었다.

요셉은 형들에게 팔려 애굽의 노예가 되었다. 그는 보디발이라는 바로의 경호실장 집에서 성실하게 일하여 인정을 받아 가정총무가 되었다. 하지만 주인의 아내의 성적인 유혹을 거절하고 도망친 후에 누명을 쓰고 감옥에 들어가게 되었다.

그렇게 억울한 시간이 수년간이나 계속되었다. 죄 없이 감옥

안에서 오랜 세월을 보냈다. 마침내 그는 애굽 왕의 꿈을 해석하여 애굽의 제2인자가 되었다. 바로의 전적인 신뢰를 받은 그는 다가올 기근 7년을 대비하는 지혜를 발휘한다.

어느덧 가나안 땅에도 기근이 임해서 먹을 양식이 떨어졌다. 그의 형들은 아버지의 명령을 받고 곡식을 구하러 왔다. 요셉은 형들을 금세 알아보았지만 형들은 전혀 눈치 채지 못했다. 어느 순간 정에 복받친 요셉은 그 정을 억제하지 못해서 방성대곡했다. 그리고 형제들을 용서하고 화해하게 되었다.

우리는 요셉과 그 형제들의 만남을 보며 우리 민족의 화해의 열쇠를 찾을 수 있다. 원수만큼이나 나빴던 형들과의 재회 과정에서 눈물 날 정도로 아름다운 요셉의 마음을 읽게 된다. 요셉의 마음에는 무엇이 있었기에 그런 용서와 사랑이 가능했을까?

의식의 변화

가인과 아벨은 이런 형제 의식이 없어서 살인하는 죄를 저질렀다. 그러나 아브라함과 말썽을 많이 일으켰던 조카 롯의 관계는 끝까지 깨지지 않았다. 아브라함 속에 있었던 골육 의식 때문이었다. '너와 나는 골육'이라는 한마디 말 때문이었다.

거짓말 잘하고 머리 잘 굴리던 야곱과 조카의 노동력을 이용해서 자기 재산을 증식시키는 데만 관심이 있었던 라반의 관계도 인간적으로 보면 매우 위험한 관계였다.

몇 번도 더 깨질 뻔했으나 깨지지 않은 이유도 라반의 마음속에 있었던 의식 때문이었다. '너와 나는 골육이라'는 의식.

형들을 만난 자리에서 방성대곡하며 그 정을 억제하지 못하고 울던 요셉의 첫마디는 "형님들, 저는 당신들의 아우 요셉입니다"였다. 요셉의 마음속에 있던 '골육 의식'이 전혀 변하지 않았기에 용서와 사랑이 가능했다.

우리 교회에 찾아온 탈북자들을 우리는 '우리의 골육들'로 알고 받아주었다. 그들은 우리의 골육이기 때문에 저버릴 수가 없었다. 지난 70년간 우리가 대적하며 말했던 잘못된 의식을 버려야 한다. 빨갱이, 공산주의자, 괴뢰군 등의 말을 삼가야 한다. 우리는 '이북 사람들은 바로 우리의 골육'이라는 의식을 다시 회복해야 한다. 그래야 통일이, 회복과 화해가 가능할 것이다.

안목의 변화

요셉이 자기의 인생을 보았던 것처럼 우리도 하나님의 안목으로 인생을 보고 해석할 줄 알아야 한다. 요셉은 자기가 당한 모든 고통의 시간을 아름답게 해석한다.

"형님들, 근심하지 마소서. 탄식하지 마소서. 하나님께서 우리 가정을 살리시려고 나를 형님들보다 앞서 보내신 것뿐입니다. 그러므로 나를 이곳에 보내신 이는 당신들이 아니고 하나님이십니다."

그러면서 오히려 형들을 안심시킨다. 우리도 하나님의 관점에서 인생을 볼 수만 있다면 아무것도 원망할 것이 없을 것이다.

지난 70년을 뒤돌아보면 얼마나 속상한 일이 많았는지 모른다. 김일성 때문에 나라가 두 동강이 나서 허리가 잘린 채로 고생했던 70년의 한 맺힌 사연을 어떻게 말로 다 표현할 수가 있겠는가.

그러나 미국과 소련의 간섭 그리고 우리 민족 지도자들의 죄악 때문에 받은 고난의 역사였다 할지라도 역사를 주관하시는 하나님의 더 크신 계획 가운데 이 모든 고난이 허락되었다면, 지금은 그 이유를 다 알지 못할지라도 먼 훗날 우리에게 주실 축복을 기대하며 감사할 수도 있을 것이다.

특별히 남한의 경우는 더욱 그렇다. 남북 분단 때문에 많은 고생을 한 것도 사실이지만 분단 때문에 우리는 허리띠를 졸라매고 열심히 일했다. 그 결과 우리나라는 지금 경제 대국이 될 수 있었고, 가장 강력한 기독교 신앙을 갖게 되었다. 감사할 것이 한두 가지가 아니다. 전후에 가난을 가장 빨리 회복한 우리나라를 지금 세계가 주목하고 있지 않은가.

태도의 변화

하나님의 안목으로 역사를 보면 불평할 것이 전혀 없다. 그러므로 우리는 우리의 태도를 바꾸어야 한다. 군림하고 다스리는 태도가 아니라 섬김의 태도를 가져야 한다. 으스대고 뽐내면서 군림하는 것은 진정한 강자의 모습이 아니다.

성경이 말하는 진정한 강자는 약한 자의 약점을 담당해준다. 요셉의 마음을 지배하던 태도는 섬김의 태도였다.

"형님들, 빨리 가서 아버지와 가족들을 다 모시고 오세요. 제가 평생 그들을 섬기겠습니다."

이런 삶의 태도를 가질 수만 있다면 용서와 화해는 얼마든지 가능하다. 우리는 북한을 얼마든지 품을 수 있다.

게릴라 전략 선교

중요한 선교 전략 가운데 "침투, 집중, 확산, 지속"의 원리가 있다. 김준곤 목사님에게 배운 것이다. 나는 이 전략을 중앙아시아 선교를 하면서 적용했었다.

1995년에 우리 교회는 미전도 미접촉 지역 선교를 시작했다. 지금 인도를 중심으로 사역하시는 안강희 선교사님이 선교 전략가로서 알려준 미전도 지역이 카자흐스탄과 그 주변의 국가명에 "-스탄"이 들어가는 나라들이었다.

카자흐스탄이 열려있는 것을 보고 알마티에서 전도해보았더니 전도의 문이 열려있었다. 그래서 그곳에 집중했다. 고려인들도 살고 있어서 개척이 어렵지 않았다. 무엇보다 선교사님들이 하나가 되도록 노력했다. 그리고 핵심 선교사들을 세웠다. 김삼성(러시아인 사역), 주민호(카작인 사역), 김동성(고려인 사역) 선교사 3명이었다. 이들은 1990년도 초에 러시아가 열리자마자 들어간 선교사였다.

10년 동안 교회들이 협력하여 중앙아시아 선교에 집중한 결과 2,000개의 교회가 세워졌다고 카자흐스탄 정부가 발표했다. 물론 우리 교회가 단독으로 한 일은 아니다. 캐나다와 미국, 한국의 150여 교회가 협력한 결과였다.

우리는 미래를 생각하면서 대학청년 운동을 시작했다. 차비와 식사를 제공한다고 했더니 청년들이 전국에서 몰려왔다. 하나님께서 복음의 문을 열어주실 때는 모든 것이 수월하게 잘 풀린다.

일주일간 수련회를 하면서 그들 모두 예수님을 영접했다. 그 수련회는 매년 두 번씩 진행되었다. 몇 년 후에는 6,500명이 모이기도 했다. 이런 식으로 일단 침투해서 열려있는 곳에 집중했다. 그러자 10,000명이 넘는 교회가 두 개 생겨났다. 그 중 한 교회는 350개의 교회를 전국에 개척하며 복음을 확산시켰다. 그다음에는 그 사역을 지속하면서 다른 곳에 다시 침투했다.

북한 안에서도 그런 곳을 찾아내야 한다. 먼저 그곳에 침투해서 집중사역을 하면서 복음을 확산시켜야 한다. 그다음에는 그곳을 기점으로 사역을 집중하면서 다시 다른 곳에 침투하는 것이 필요하다.

우리가 북한의 전역을 다니면서 파악한 바에 의하면 지역마다 반응이 달랐다. 평양은 사람들을 접촉하기는 좋지만 성분 좋은 사람들만 있어서 만만치가 않았다. 그러나 황주에서 국수 공장을 할 때 보면 시골이라 그런지 사람들이 전혀 달랐다.

사리원, 해주, 원산, 함흥, 홍원, 청진, 신의주, 자강도, 황해남
북도, 개성 등 북한을 구석구석 다니면서 살펴보니 문이 많이 열
린 곳이 있고, 아직 닫혀있는 곳도 있었다.

진.충.분.파.와 침투, 집중, 확산, 지속의 원리를 가지고 접근
하면 길이 열린다. 지금은 한계가 있지만 북한의 문이 열리면 이
모든 원리를 적용하면서 북한 복음화를 성취해야 할 것이다.

그러나 어떤 경우에도 "예수혁명, 복음혁명, 성령혁명, 사랑혁
명"의 메시지를 전해야 한다. 다른 말을 할 것 없이 오직 예수만
전하면 된다. 거기에 성령님이 역사하시면 거룩한 운동이 일어나
고 살 길이 열릴 것이다(아직은 구체적으로 밝힐 단계가 아니기에 이
정도만 이야기한다).

다섯 가지 통일 운동

북한 땅에서 기도하는 가운데 통일 운동의 다섯 가지 방향을 정
리해보았다.

1. 사무엘의 미스바 기도 운동(요엘-시온 기도회, 요나-니느웨 회개)
2. 요셉의 나눔 운동(식량 나눔, 농촌 지원, 교육 지원, 에너지 공급)
3. 느헤미야의 성벽 재건 운동(나의 성벽, 가정, 교회, 사회, 국가 재건)

4. 에스겔의 민족 복음화 운동(말씀과 성령 운동, 회개와 성결운동)

5. 다윗의 통일 축제 운동(남북 걷기, 자전거 타기, 음악회, 축구대회 등)

무엇보다도 가장 우선되며 시급한 것이 기도 운동이다. 이것은 거룩한 운동이다. 전략 가운데 최우선 전략이 기도 전략이다. 기도보다 우선되는 사역은 있을 수 없다.

예수께서도 "기도 외에 다른 것으로는 이런 종류가 나갈 수 없느니라"(막 9:29)라고 말씀하셨다. 사도행전을 보면 모든 일에 기도가 우선임을 확인할 수 있다. 더욱이 남북통일이라는 역사적인 과제를 기도 없이 풀 수는 없을 것이다.

나는 북한에서 2년 반 동안 기도하면서 북한을 위한 기도를 몸으로 배웠다. 매일 형식적인 기도가 아닌 실제적인 기도를 드렸다. 사무엘이 미스바에 온 이스라엘을 모아놓고 기도했듯이, 요엘이 시온산에서 금식을 선포하며 전국적인 기도 운동을 일으켰듯이, 요나가 회개를 외칠 때 니느웨 성이 왕부터 시작해서 아이들까지, 심지어 짐승들까지 금식하며 하나님께 부르짖었듯이 비상 구국 회개 금식 기도 운동이 일어나야 한다.

금식은 우리의 마음을 가난하게 한다. 금식은 우리가 무엇을 회개해야 하는지 깨닫게 한다. 물론 하나님께서 기뻐하시는 금식이 되어야 한다. "기도가 아니면 이런 능력이 나갈 수 없다"는 말씀을 기억한다면 북한과의 관계를 풀기 위해 더욱 금식하면서 나아가야 할 것이다.

요즘 금식하는 분들이 많아지는 것은 너무 감사한 일이다. 이곳저곳에서 금식 기도 운동이 일어나고 있는 것은 매우 고무적이다. 북한 선교를 한다며 기도하지 않는 단체들은 문제가 심각하다. 인위적으로, 인간적으로 통일이 되겠는가? 그것은 불가능할 뿐만 아니라 되어서도 안 된다.

서독과 동독의 통일도 기도 운동에서 시작되었다. 하나님의 은혜와 긍휼을 구해야 한다. 기도는 무엇보다도 하나님과 잃어버린 교제의 회복이다. 복의 근원이신 하나님과의 교제가 회복되지 않으면 진정한 축복(Blessing)을 받을 수 없다. 복은 하나님과의 관계 회복에서부터 오는 것이다.

또한 하나님의 관점에서 모든 것을 볼 줄 알아야 한다. 하나님의 마음으로 그분의 뜻을 추구해야 한다. 그래서 철저한 회개가 기도 운동의 근본이 되어야 한다.

기도와 함께 병행되어야 할 것은 '선행'이다. 착한 일을 통하여 우리는 하나님께 영광을 돌리게 된다. 요셉은 7년 기근을 대비하여 곡식을 비축했고, 위기의 때에 나누었다.

"사랑의 나눔 있는 곳에 하나님께서 계시도다"라는 찬송 가사처럼 나눔은 예수 그리스도의 라이프스타일이다. 주께서도 친히 말씀하셨다.

범사에 여러분에게 모본을 보여준 바와 같이 수고하여

약한 사람들을 돕고

또 주 예수께서 친히 말씀하신 바

주는 것이 받는 것보다 복이 있다 하심을

기억하여야 할지니라

행 20:35

굶는 자에게 양식을 나누어주어야 한다. 그가 원수라도 먹이
라고 주께서 말씀하셨다. 옷이 없는 자는 입혀야 한다.

우리에겐 나눌 것이 얼마나 많은지 모른다. 영적인 삶도 나누
고, 정신적인 것도 나누고, 물질적인 것도 나누어야 한다. 굶주리
고 있는 북한 주민들에게는 우선 양식을 지원해주어야 한다. 입
을 옷도 지원해주어야 한다.

농촌 지원을 해야 한다. 자연농업도 가르쳐주어야 한다. IT를
사용한 농사법도 가르쳐주어야 한다. 농촌에 필요한 농기계도
지원해야 한다. 그리고 무엇보다 필요한 에너지 지원도 아끼지
말아야 한다. 북한에는 전기가 절실히 필요하다. 풍력 발전도,
태양열 전기도 지원해야 한다. 발전소도 지어주어야 한다.

교육 지원도 절실하다. 오직 주체사상밖에 모르고 자란 젊은
이들이 불쌍하다. 철저한 무신론, 유물론 교육을 받고 자랐기
때문에 잘못된 가치관이 많다. 그래서 바른 교육이 필요하다. 영
어 교육도 필요하다.

느헤미야가 성벽 재건 운동을 일으켰던 것처럼 무엇보다 우리의 인생 성벽을 재건해야 한다. 망가진 인생이 얼마나 많은가? 무너진 가정이 얼마나 많은가? 가정과 교회는 하나님이 직접 만드신 신적 기관이기에 영적 전투가 심하다. 사단은 이 고지를 점령하려고 모든 것을 집중한다.

얼마나 많은 사람들이 교회를 떠나고 있는가? 교회가 망가져 있기 때문이다. 금이 가고, 녹이 슬고, 거미줄이 쳐져 있지 아니한가? 사회의 구석구석을 보라. 얼마나 많이 병들고, 죽어있는가? 사회가 타락하는 것도 영적인 쇠약함 때문이다. 우리가 졸며 자는 사이에 사단이 가라지를 뿌려놓았기 때문이다. 그래서 국가의 권위가 무너지고, 질서가 망가져 있다. 총체적으로 회복되어야 한다.

에스겔의 민족 복음화 운동은 성령과 말씀의 부흥 운동이다. 그래야 바짝 마른 해골떼 같은 것들이 여호와의 군대로 변하는 역사가 일어나게 된다. 다윗의 통일 축제도 계속되어야 한다. 통일 걷기 대회에도 10만 명씩 나와서 걷고, 통일 달리기 대회, 통일 자전거 타기 대회도 해야 한다. 통일 음악회도, 통일 축구 대회도 해야 한다. 서로 많이 만나서 교류해야 한다. 만남이 있어야 교제가 이루어지고, 교류가 있어야 관계가 튼튼해진다. 통일은 축제이다. 통일은 기쁨이다. 통일은 자유이다.

통일 이후 대한민국의 세계화

통일이 되면 우리 민족의 운명이 바뀌는 역사가 일어난다. 남북 분단으로 대륙으로의 종단이 중단되었다. 그러는 동안 중국은 고속도로망을 거미줄처럼 만들어 전국에 고속 전철이 다닐 수 있게 했다.

통일이 되면 시베리아로 통하는 STR철도 길이 열린다. 베이징으로 직행하는 BTR철도 길도 열리고, 남북을 관통하는 KTR도 열릴 것이다. 이것은 굉장한 변화를 가져올 것이다.

물류비용을 따져도 엄청난 이익을 얻게 되고, 관광 자원만 해도 어마어마할 것이다. 중국의 14억 인구 가운데 1억만 찾아와도 대한민국은 관광 대국이 될 것이다.

북한에는 칼바람 부는 백두산, 장엄한 칠보산, 아름다운 묘향산, 신비로운 금강산, 구월산이 있고, 남한에는 설악산, 지리산, 소요산, 한라산 등 명산이 가득하며 아름다운 동해, 서해, 남해가 있다. 아기자기한 우리나라는 세계적인 관광지로 각광받을 것이다.

체육 대국의 꿈도 꿀 수 있다. 월드컵, 올림픽, 동계 올림픽, 아시안게임에서 남북이 힘을 합치면 금메달도 많이 딸 것이다.

경제 대국이 되는 날도 우리 눈앞에 있다. GDP 1등 국가도 될 수 있다. 우리는 IT 산업의 도움을 받아 최첨단 제품들을 만들어 낼 것이고, 국가 신용도도 높아져서 온 세계가 믿고 사는 최고 인기 상품을 만들 것이다.

뿐만 아니라 교육 대국이 되어 세계의 젊은이들이 한국으로 몰려올 것이다. 아시아의 선두 주자가 되어 새로운 태평양 시대를 열 것이다. 남한과 북한의 교육열은 똑같이 높다. 성경 교육만 실시하면 유대인의 교육도 능가할 것이다.

농사 대국도 가능하다. 현대 농업은 IT가 발전하지 않으면 뒤처질 수밖에 없다. 우리는 IT 대국이기 때문에 농사 대국도 가능하다. 북한은 거의 자연농업으로 보존되어 있고, GMO 같은 종자 변이가 없다. 지금은 원시적으로 보이지만 반드시 빛을 볼 날이 올 것이다.

삼천리 금수강산을 만들 수 있다. 이스라엘이나 네덜란드, 스위스, 덴마크에 비하면 우리나라는 모든 조건이 탁월하다. 국가 면적과 인구 비율로 봐도 비교가 안 된다.

경제 대국, 무역 대국으로의 비전을 가질 수도 있다. 세계적인 수출 품목이 수백, 수천 가지가 개발될 것이기 때문이다. 온 세계의 무역선들이 바다를 가득 메울 것이다.

군사 강국은 이미 준비되어 있다. 70년이라는 분단 기간 동안 우리는 최강의 군대를 만들었다. 전 세계에 3-10년간의 군생활 경험이 있는 나라는 또 없을 것이다. 군대가 강해야 평화를 유지할 수 있다. 우리는 세계의 평화를 주도하는 나라가 될 것이다.

기술 강국이 될 것이다. 한국의 기술력은 대단하다. 건설도 세계적이고, 전기 기술도 세계적이다. 석유 탐사 기술도 세계적이다. 농사 기술도 뛰어나다. 컴퓨터 기술은 탁월하다. 반도체 기술은 단연 1위이다. 조선 기술도 세계에서 가장 뛰어나다. 자동차 기술도 굉장히 발전했다. 모든 하이테크 기술이 세계적이다.

자원 강국이라고도 할 수 있다. 북한 땅의 지하자원이 1조 6천억 불에 달한다. 산이 많아 자원이 무궁무진하다. 남한의 자본과 기술만 들어가면 굉장한 발전이 있을 것이다.

해운 강국도 가능하다. 이미 조선 기술은 세계를 제패했다. 전세계에서 배를 가장 잘 만드는 나라가 우리나라이다. 얼마 전에 캐나다 TV에서 삼성 중공업이 소개된 적이 있다.

캐나다 정부에서 세계 최초의 양방향 쇄빙 유조선을 만들고자 했는데, 캐나다 연구원들이 불가능하다고 포기한 프로젝트를 삼성 중공업이 성공시킨 것이다. 그 후 천문학적인 값을 내고 배를 주문하는 수주가 계속되고 있다. 내가 알고 있는 얄팍한 지식만으로도 우리나라의 앞날은 매우 밝다.

아름다운 통일이 올 수만 있다면, 죄악을 버리고 거룩한 민족이 되어 통일을 맞이할 수 있다면, 지난 반만년 역사 가운데 가장 영광스런 시대는 반드시 열릴 것이다. 그날이 오길 고대한다. 그날이 꼭 오길 꿈꾼다.

우리 민족이 온 세상의 복의 근원이 될 수 없을까? 축복의 통로가 될 수 없을까? 만민을 축복하는 제사장 나라가 될 수 없을까? 하나님을 우리 하나님으로 삼은 거룩한 백성이 될 수 없을까? 그날이 오기를 눈물로 기도한다.

주여, 복음화된 통일 조국의 비전을 이루어주옵소서!

연해주 국가 식량 기지화

요즘은 각 나라마다 식량 기지를 마련하느라 연구가 한창이다. 일본은 오래전부터 여러 나라에 식량 기지를 만들었다. 특별히 브라질에서는 대부분의 농사를 일본 사람들이 짓고 있다. 일본은 이미 자국의 열 배나 되는 땅을 확보했다는 말이 있다.

영국과 프랑스도 전쟁을 치르면서 식량 기지의 중요성을 깨닫고 농업 국가로 돌아섰다. 강원도 크기밖에 안 되는 이스라엘도 그 척박한 땅을 개척해서 전 세계에 식량과 과일을 수출하는 나라가 되었다. 덴마크와 네덜란드도 전 세계에 꽃을 수출하는 부유한 국가가 되었고, 전 국토의 80퍼센트가 산으로 덮여있는 스위스는 세계에서 가장 잘사는 나라가 되었다.

그런데 한국은 지금 전 국민이 먹는 양식의 80퍼센트를 수입에 의존하고 있는 실정이다. 지금은 돈만 있으면 식량을 살 수 있지만 앞으로 기후 변화로 인해 식량난이 일어난다면 어디서 양식을 구할 수 있겠는가?

그러나 천만다행으로 우리에게는 옛 발해 지역인 연해주가 있다. 극동 지역의 러시아 땅은 지금 텅텅 비어있다. 우리나라의 몇

배도 넘는 기름진 땅이. 더 늦기 전에 우리도 식량 기지를 마련해
야 한다.

산이 80퍼센트인 북한 주민들을 위한 식량 기지로서 연해주는
완벽한 하나님의 선물이다. 한국과 러시아는 무비자이기 때문에
오가기가 쉽다. 한 가족당 3,000평씩 주고 농사와 축산을 겸한
자연농법을 하게 도와주면 얼마든지 먹고 사는 문제를 해결할
수 있을 것이다.

우리나라가 통일이 되거나 완전한 평화 협정만 이루어져도 이
일은 가능할 것이다.

북한 전문가들의 모임과 통대연 운동

북한에서 통일에 대한 기도를 하는 가운데 주신 꿈은 '통대연' 운
동이었다. 통대연은 '통일 대축제 범민족 연합'의 준말이다. 통일
은 우리 민족의 대축제이다. 그리고 남한과 북한과 해외 동포를
포함한 범민족적인 거사이다. 그래서 통일은 민족 대연합 운동이
되어야 한다.

지금 한국 땅에는 기도하면서 통일을 나름대로 준비하는 개인
과 단체들이 많이 있다. 나는 '북사모'라는 '북한 사역자들의 모
임'에서 신선한 충격을 받았다. 젊은 사역자들이 연합을 추구하
는 모습을 보면서 감사했다. '쥬빌리 통일구국기도회'도 열심히

모이고 있다. 쥬빌리는 세계적 조직을 가지고 있는 기도 모임으로, 초교파적으로 모이고 있다. '에스더 기도운동'을 이끌고 있는 이용희 교수 역시 뜨거운 기도의 사람이다. 월요 기도모임은 기도하는 용사들이 많이 모인다고 들었다.

그 외에도 특별한 부르심을 받고 열심을 다하는 탈북민 모임도 많았다. 탈북자 출신 목회자들도 두각을 드러내고 있다. 그러나 수많은 단체들이 나름대로 열심임에도 불구하고 우리부터 통일이 되어야겠다는 생각이 들었다. 이 모든 단체들을 지도하는 협력체인 하나의 '컨트롤 타워'가 필요함을 느꼈다.

북한 전문가들의 모임도 필요하고, 존경받는 목회자들의 연합체도 필요하고, 탈북자들의 연합 모임도 필요하고, 북한 사역자들의 모임도 필요하지만 이 모임들이 연합되어야겠기에 '통대연' 운동을 일으키려고 한다.

그동안 북한 선교를 하는 단체장들을 여러 번 만났고, 소위 북한 선교 전문가들과 탈북 목회자들도 만났다. 모두 개성이 강해서 연합이 쉽지는 않겠지만 성령의 역사로 하나 될 것이다. "이는 힘으로 되지 아니하며 능력으로 되지 아니하고 오직 나의 영으로 되느니라"(슥 4:6)라고 하신 말씀을 믿고 가야 할 것이다.

한인교회를 중심으로 800만 해외 동포가 통일운동을 일으켜야 하고, 5,000만 남한 국민이 하나 되어야 한다. 거기에 탈북 동포 30,000명이 협력해야 통대연 운동이 일어날 것이다.

무엇보다 남한의 약 50,000개 교회가 하나 되어야 한다. 교회의 통일 없이 민족의 통일이 오겠는가! 3.1운동 당시처럼 교회와 성도가 다시 민족의 거룩한 지도력을 발휘해야 우리 민족이 살 것이다. 교파 없는 이북의 교회, 말씀과 기도로 살아있는 교회, 고난 속에서 단련된 정금과 같은 교회, 강력한 선교 공동체 교회, 순전한 마음으로 음식을 먹고 떡을 떼는 사랑의 공동체 교회를 만들어야 할 것이다.

북한이 열리면 세계가 열릴 것이다. 본격적인 태평양 시대를 여는 한민족은 제2의 이스라엘처럼 하나님의 약속의 민족으로, 제사장 국가로 쓰임을 받게 될 것이다.

영광의 시대는 쉽게 오지 않는다. 개인적인 욕망을 완전히 버리고, 모든 죄에서 완전히 떠나야 한다. 거룩한 사람들이 모이고 또 모여야 한다. 새벽이슬 같은 청년들이 일어나야 한다. 주일학교의 부흥이 다시 일어나야 한다.

잎만 무성하고 립서비스만 무성한 죄를 버려야 한다. 주께서는 열매 없는 나무는 찍어 불 속에 던지겠다고 이미 말씀하셨다. 들포도 열매만 맺었던 부끄러움과 나태함을 버리고 극상품 열매를 맺어야 한다.

노인들도 열매를 많이 맺을 수 있다. 늙어도 여전히 결실하며 진액이 풍족하고 빛이 청청하여 여호와의 정직하심을 드러낼 수 있다(시 92:14,15). 종려나무처럼 풍성한 열매를 맺어 하나님께 영광을 돌려야 한다.

38선은 군사 분계선이 아니라 온 인류를 살리는 영의 분계선이 되어야 한다. 마지막 싸움은 세상 전쟁이 아니라 영적 전쟁이다. 조만간 성령 충만한 성도들의 통일 대연합이 일어날 것을 믿는다. 동양의 예루살렘이었던 평양의 영광이 다시 돌아올 것이다. 그날이 오면 우리는 꿈꾸는 것같이 기뻐하며 얼굴엔 웃음이 가득하고 혀에는 기쁨이 충만해서 함께 춤을 출 것이다. 축제의 노래를 부를 것이다.

그날의 도래를 위해 나를 버리고, 자기를 부인하고, 자기의 십자가를 지고 나가자. 하나 됨의 걸림돌이 되지 말고 디딤돌이 되자. 겸손과 온유와 오래 참음과 사랑 안에서 서로 용납함으로 하나 됨을 힘써 이루자!

하나님을 알아야 산다

북한 땅에서 일어날 부흥을 생각하면 너무 감격스럽다. 부흥은 하나님이 주시는 것이므로 기대가 된다. 부흥은 성도들이 진정으로 자기가 믿는 하나님이 어떤 분이신가를 똑바로 알고 영적으로 각성하는 것에서부터 시작된다.

우리는 하나님이 어떤 분이신지도 모르고 그분을 믿는다고 할 때가 많다. 하나님이 누구신지 알고 믿는 것과 모르고 믿는 것은 큰 차이가 있다. 알고 믿어야지 무조건 믿으면 안 된다.

여호와를 알자 힘써 여호와를 알자

호 6:3

번제보다 하나님을 아는 것을 원하노라

호 6:6

내가 믿는 하나님은 누구신가? 어떤 하나님인가?

내 이름으로 일컫는 내 백성이

그들의 악한 길에서 떠나

스스로 낮추고 기도하여 내 얼굴을 찾으면

내가 하늘에서 듣고 그들의 죄를 사하고

그들의 땅을 고칠지라

대하 7:14

우리가 믿는 하나님은 거룩하신 분이다. 이 세상을 완전히 초월하여 계시는 분이다. 불가침의 존재다. 측량할 수 없는 존재다. 죄와 관계가 없으신 분이다. 본질적으로 피조물과 완전히 구별되신 분이다. 우리는 이런 거룩하신 하나님을 닮아가야 한다.

또한 우리가 믿는 하나님은 지극히 높으신 분이다. 그렇기에 우리는 그분을 경배할 뿐이다. 지극히 높으신 하나님을 알 때 우리는 겸손하게 된다. 내가 피조물에 불과하며 유한한 존재임을 알아야 한다. 그분은 영광의 하나님이다. 우리는 세상의 속된 영광에서 떠나 영광의 하나님의 얼굴을 구해야 한다. 그 얼굴의 빛이 임해야 그분의 능력이 우리를 지켜줄 것이고, 우리의 앞길이 형통할 것이고, 하늘의 평강이 임할 것이다.

하나님은 우리의 기도를 들으시는 신실하신 분이다. 사람의 목소리를 들어주시는 분이라는 말이다. 그런데 우리는 하나님보다 사람의 말을 더 잘 듣는다. 그리고 사람에게 말을 더 많이 한다. 하나님께 말씀드리지 않는다.

하나님은 우리의 죄를 사하여주신다. 용서의 하나님, 사랑의 하나님, 은혜의 하나님, 긍휼의 하나님, 자비의 하나님이시다. 하나님은 우리를 불쌍히 여기시는 하늘 아버지이시다.

하나님은 지금도 여전히 창조주 되신다. 우리를 고치시는 하나님, 우리를 치료하시는 하나님, 우리의 땅을 고치시는 하나님이다. 우리에게는 힐링이 필요하다. 진정한 힐링은 하나님의 창조 역사에서 비롯된다. 이런 하나님을 알고 그분을 구해야 한다. 그때 비로소 부흥이 찾아올 것이다.

수백만 명의 기도 응답

2019년 8월이면 석방된 지 2년이 된다. 그동안 전 세계를 다니면서 하나님의 은혜와 말씀을 증거했다. 나를 위해 기도해준 개인과 교회가 너무도 많았다. 170개 나라에 흩어진 800만 디아스포라 교인들뿐만 아니라 수많은 백인, 흑인, 아시안들이 기도해준 사실이 정말 놀라웠다.

어느 날 한 부부가 찾아왔다. 그들은 인터넷으로 46,000명의 청원서를 받아 나를 위해 석방 운동을 벌였다. 또한 두 명의 예일대 학생은 16만 명에게 청원서를 받아 유엔과 캐나다 정부에 보내며 기도 운동을 일으켰다.

나는 북한에 있는 동안 전 세계에서 2,000통이 넘는 기도 편지를 받았는데, 특히 P.E.I.라는 섬에 사는 백인 성도들이 가장 많은 기도를 해주었고, 편지도 보내왔다. 캐나다의 기독교 중고등학교에서도 예배 시간마다 기도해주어서 석방 후 그중 대표적인 학교에 가서 강연하며 감사를 표했다.

수없이 많은 백인과 흑인들이 우리 교회에 찾아와서 "가정예배 시간에 당신의 석방을 위해 계속 기도했습니다"라고 말했다. 한국에서도 수백, 수천 교회가 기도해주었다. 이처럼 수백만 명의 기도가 상달되어 하나님이 역사하셨다.

그동안 나를 위해 기도해준 사람들을 매일 만났다. 지구상에는 정말 하나님의 백성들이 많다. 무너져 가는 세상 속에 세워져 가는 하나님나라를 보았다. 그리고 북한 선교에 부르심을 받았다는 개인과 단체도 많았다. 신기할 정도였다.

텍사스의 북한 선교단체, LA의 북한 전문가들, 전 세계에서 오하이오주 본부에 모인 VOA 지도자들, 싱가포르 제임스 형제와 팀, 스위스 농사 지원팀, 의사, 수백 명의 루마니아 형제, 브라질과 중국, 독일의 수많은 형제들, 아프가니스탄에서 만난 미국인 목사들. 그리고 한국 안에서는 만날 수 없었던 북한 선교단체 등 일일이 다 열거할 수 없을 정도다.

수많은 교회와 미션 스쿨, 정부 기관, 군대, NGO 단체들 등 각종 선교단체의 집회 요청에 다 응할 수 없었던 게 미안할 뿐이다.

잊지 못할 사람들

1989년 캐나다에서 담임 목회를 시작할 때 김준곤 목사님 추천으로 워싱턴 지구촌교회 이동원 목사님에게 일주일간 목회 수업을 받았다. 덕분에 나는 30년 가까이 목회를 잘할 수 있었다. 이 목사님은 바쁜 중에도 나와의 만남을 소홀히 하지 않고 성실히 대해주셨다. 내가 북한 감옥에 있을 때도 소망의 메시지가 담긴 손수 쓴 장문의 편지로 위로해주셔서 얼마나 큰 힘이 되었는지 모른다. 감옥에서 나오면 함께 필그림하우스의 천로역정 순례길을 걷자고 하셨다. 그 약속대로 하나님은 우리를 2018년 8월에 순례길로 인도해주셨다. 내 생애에 잊지 못할 목회의 멘토이시다. 아마 이런 사랑을 받은 후배가 수없이 많을 것이다.

나는 CCC에서 13년간 김준곤 목사님 설교를 듣고, 20년 가까이 이동원 목사님의 설교를 들으면서 목회를 배웠다. 캐나다에서 30년간 큰 실수 없이 목회할 수 있었던 건 김준곤, 이동원, 박재훈 목사님 등 훌륭한 선배들이 계셨기 때문이다. 특히 동족 사랑의 정신을 배웠다. 얼마나 고마운 분들인지 모른다.

한편, 유기성 목사님은 북한 선교를 통해 알게 되었다. 나를 위해 수천 명의 기도 부대와 함께 기도해주셨고, 아내가 가장 힘들었을 때는 곁에서 박리부가 사모님이 많이 돌봐주셨다.

유 목사님은 1년 전에 우리 교회의 부흥회 초청을 받고 그전에 내가 석방되도록 기도하셨다고 한다. 그런데 놀랍게도 집회 3일 전에 내가 석방되어 캐나다에서 유 목사님을 큰 기쁨으로 만나는 축복을 누렸다. 그리고 수백 명의 교계 인사들을 초청해서 귀환 감사예배를 드리는 자리를 만들어주셨다.

김하중 장로님은 10여 년 전 베이징 코스타 강사로 만났다. 장로님이 중국 주재 대사로 활동하실 때였다. 장로님의 간증에 큰 은혜와 도전을 받고 교제하는 가운데 통일부 장관 임무를 마치신 후인 2008년, 우리 교회 입당 기념예배 강사로 초청했다. 장로님은 먼 길을 오셔서 하나님의 은혜를 증거해주셨다(이후 한 번 더 오셨다).

내가 감옥에 있을 때도 기도하면서 큰 위로와 예언의 말씀을 주셨는데, 그대로 이루어졌다. 편지뿐 아니라 맛있는 사탕과 과자도 몇 번 보내주셨다. 그 고마움을 잊을 수 없다.

그리고 사모님과 함께 3개월에 한 번 정도는 잊지 않고 아내를 만나 식사 대접도 해주셨다. 내가 기도와 사랑의 빚을 가장 많이 진 분이다. 그는 목회자들을 부끄럽게 할 정도로 기도에 목숨을 거시고, 누구보다도 진실하시며, 하나님을 닮아 거룩한 삶에 힘쓰는 귀한 하나님의 사람이며 대사이다.

장로님은 은퇴 이후에도 10권이 넘는 베스트셀러를 비롯해 외교 역사를 정리하는 뜻깊은 책(비매품)을 쓰셨다. 또 내가 한국에 올 때마다 미국의 최정범 장로님과 함께 여러 번 만나주셨다. 이런 기도의 든든한 후원자가 계셔서 나같이 연약한 사람이 쓰러지지 않고 이 길을 걸을 수 있었다.

석방된 후에도 장로님의 중보기도는 끊김이 없다. 평신도지만 그야말로 왕 같은 제사장이요 거룩한 나라, 그의 소유된 백성으로 사는 다니엘 같은 분이다.

김학송(모세) 교수는 중국에서 태어난 이민 3세, 소위 조선족이다. 중국에서 농대를 졸업하고 농업공무원으로 10년간 근무했다. 공산당 간부였던 그는 1999년에 예수 믿고 신학을 공부하게 되었다.

북한의 식량문제 해결이 비전인 그는 2014년 평양과학기술대학 농생명학부 실업농장 담당자로 3년간 사역했다. 그러다 2017년에 억류되었고, 폼페이오 국무장관과 트럼프 대통령의 배려로 2018년 5월에 석방되었다. 여전히 그의 비전은 한민족의 복음 통일이며, 연해주에 '통일농업학교'를 세우는 것이다. 100년 전 독립을 위해 조상들이 만주의 경학사를 기초로 한 신흥무관학교와 백산농장, 경박농장, 이상촌을 건립했던 것과 같은 비전이다.

그는 시편 116편 15절 말씀처럼 순교를 각오하고 사역하는 신실한 형제이다. 그는 TMTC의 일환으로 연해주에 '피스랜드'라는 농업 법인단체를 설립했다.

김 교수는 조한규 장로님과 자비량 선교사를 훈련하는 강사로 활동하게 될 것이다. 나는 여러 번의 만남을 통해 그가 겸손한 하나님의 사람이라고 생각했다. 그도 나처럼 북한을 향한 어떤 원망이나 감옥살이의 트라우마도 없다. 얼마나 고마운 하나님의 은혜인지 모른다. 우리는 이전보다 더 진실하게 북한 동포들을 섬길 것이다.

캐나다 출신 김재열 목사님은 수년 전 나진에서 사역하다가 체포되어 86일 동안 구금되었다가 추방되었다. 김 목사님과는 오래전부터 교분을 쌓아온 터라 그의 억류가 남의 일 같지 않아서 나름 애를 쓰기도 했다. 그리고 그가 석방되기 이틀 전 뉴욕 유엔 북한 대사에게 직접 석방 소식을 전해 들었다.

김 목사님은 자비량 선교사로 들어가 북한에 치과 병원, 동의 병원, 산부인과 병원 등을 짓고 나진에 살면서 수년 동안 사역하셨다. 나는 나진에 갈 때마다 들러 병원 사역도 함께하는 기쁨을 누렸다.

석방 후에도 그의 북한 사랑은 끝이 없어 보였다. 특히 탈북 신학생들 수십 명을 진실한 마음으로 성실하게 돌보았다. 그들의 학비 지원도 만만치 않은데 아마도 캐나다 사업체 수입의 거의 전부를 쏟아 붓는 것 같다. 탈북 신학생들의 대부 역할을 톡톡히 하고 계신다.

우리는 이전보다 더 자유롭게 협력하는 팀이 되었다. 그는 그 외에도 많은 일을 하고 있다. 그리고 든든한 동역자이자 형님으로 나를 격려하고 지원해주신다.

대구의 김재호 목사님도 열정이 탁월하시다. 대구, 부산, 창원, 마산 등 남쪽 지방 전체를 맡아 지혜롭게 사역하신다. 목회하면서 사역하기에 행동대원들도 만만치 않다. 얼마나 든든한지 모른다. 미국에 파송된 이중인 목사님도 귀한 분이다. 여러 단체를 섬기며 연합의 시너지를 만들고 있다(그 외에도 많지만 신변 안전을 위해 이름을 밝히지 않겠다).

캐나다 교회의 신안나 권사님의 사랑과 섬김도 잊을 수 없다. 마치 바울 곁의 루디아처럼 나를 챙겨주셨다. 권사님을 통해 내 필요를 채워주었던 분들이 참 많다. 편지를 보내준 수백 명의 교우들, 그림을 보내준 수십 명의 유치부 어린이들, 이름도 모르는 수천 명의 외국인 형제자매들 모두에게 감사한다. 서울에 있는 캐나다 대사관 직원들의 사랑도 잊지 못한다. 제임스 형제, 트루토 영사, 김미란 자매 등 이름을 다 몰라서 죄송할 뿐이다.

매일 나를 가슴에 품고 기도하며 눈물로 기다리신 내 어머니 한경석 권사님(현재 94세), 아내 금영과 아들 성진에게 한없는 빚을 졌다.

> 하나님이 고독한 자들은 가족과 함께 살게 하시며
> 갇힌 자들은 이끌어 내사 형통하게 하시느니라 **시 68:6**

집사람을 지켜주신 분들도 많다. 박리부가 사모님, 심정식 권사님, 박명자 집사님(일명 사랑이 엄마)에게 감사드린다. 이재훈 목사님, 양은영 집사님, 허버트 홍 선교사님 내외, 김장환 목사님, 고명진 목사님 등 다 기록하지 못해 죄송할 뿐이다. 형제들의 사랑이 없었다면 얼마나 힘들었을까? 사랑이 제일이다.

> 피차 사랑의 빚 외에는 아무에게든지 아무 빚도 지지 말라
> 남을 사랑하는 자는 율법을 다 이루었느니라 **롬 13:8**

요즘 난 북한 선교보다 아직 예수님을 모르는 종족에게 더 관심이 많다. 예루살렘과 온 유대와 사마리아와 땅끝까지 가고, 선교사를

보내는 일에 최선을 다하고 싶다. 또한 한국교회가 전략적으로 선교하는 게 얼마나 중요한지 깊이 깨닫고 사도행전 같은 교회사를 계속 기록했으면 좋겠다. 주님, 한 영혼이라도 더 구원하게 하소서!

내가 누구를 두려워하리요

초판 1쇄 발행 2019년 7월 8일
초판 23쇄 발행 2025년 1월 16일

지은이 임현수

펴낸이 여진구
책임편집 김아진
편집 이영주 박소영 최현수 구주은 안수경 김도연 정아혜
책임디자인 노지현 | 마영애 조은혜 정은혜
홍보 · 외서 진효지
마케팅 김상순 강성민   마케팅지원 최영배 정나영
제작 조영석 허병용   경영지원 김혜경 김경희

303비전성경암송학교 유니게 과정
이슬비전도학교 / 303비전성경암송학교 / 303비전꿈나무장학회

펴낸곳 규장

주소 06770 서울시 서초구 매헌로 16길 20(양재2동) 규장선교센터
전화 02)578-0003 팩스 02)578-7332
이메일 kyujang0691@gmail.com   홈페이지 www.kyujang.com
페이스북 facebook.com/kyujangbook   인스타그램 instagram.com/kyujang_com
카카오스토리 story.kakao.com/kyujangbook
등록일 1978.8.14. 제1-22

책값 뒤표지에 있습니다.
ISBN 978-89-6097-348-0 03230

규 | 장 | 수 | 칙

1. 기도로 기획하고 기도로 제작한다.
2. 오직 그리스도의 성품을 사모하는 독자가 원하고 필요로 하는 책만을 출판한다.
3. 한 활자 한 문장에 온 정성을 쏟는다.
4. 성실과 정확을 생명으로 삼고 일한다.
5. 긍정적이며 적극적인 신앙과 신행일치에의 안내자의 사명을 다한다.
6. 충고와 조언을 항상 감사로 경청한다.
7. 지상목표는 문서선교에 있다.

하나님을 사랑하는 자 곧 그의 뜻대로 부르심을 입은 자들에게는 모든 것이 合力하여 善을 이루느니라(롬 8:28)

규장은 문서를 통해 복음전파와 신앙교육에 주력하는 국제적 출판사들의
협의체인 복음주의출판협회(E.C.P.A:Evangelical Christian Publishers
Association)의 출판정신에 동참하는 회원(Associate Member)입니다.